本音で語る教えの真髄

禅僧と神父の軽やかな対話

花園大学名誉教授
西村惠信

上智大学名誉教授
越前喜六

大法輪閣

【禅僧と神父の軽やかな対話】

——本音で語る教えの真髄——

目次

装丁／山本太郎

Ⅰ　出家の動機

◆仏縁に導かれて

西村　私から始めていいですか。実は私、寺の子じゃなくて、仏縁があってお釈迦さんに引っ張られて坊んさんになったんです。私は昭和八（一九三三）年に、近江商人で知られる滋賀県の南五個荘村という所で、農家の十人兄弟の末っ子としてこの世にやって来たんです。それを貰いに来た人が袂《たもと》から金太郎飴《あめ》を出して見せたから、手を出してしまった。物心ついてたら上の兄みたいに、僕嫌やと言って母の背中に隠れたのに、まだ二歳で母の膝に乗っていたらしいんで逃げられなかった。飴につられて坊んさんになったんです。なってなかったら、どんな人生になったたか、考えるぐらいの可能性は残っているんです。

神父さんも確か十人兄弟の末ッ子でしたね。これはまた不思議な因縁ですね。

越前　本当にねえ。奇遇と言うべきですね。

西村　聞いてびっくりしましたわ。何という因果なことですか。昔は禅坊さんは結婚してなかったんですが、私の師匠あたりから明治の禅僧にも、結婚する人が出てきたようです。私を育ててくれた師匠も、三百年のお寺の歴史の中で、初めて結婚したんですね、それも三十過ぎてから。禅僧が赤ん坊抱いたり、おむつ干したりなんて、恥ずかしくて考えられないことだから、子供は無かったんですね。

だけど、小僧を育てる「徒弟教育」というのは、禅寺の本命ですからね。私が寺に貰われてきたときには、上に二人の小僧がおったらしいんですけど、二人とも成人して、学校や修行の道場に行って、寺にはもうおりませんでした。

その日、あんたが乳母車に乗せて連れていかれる現場を裏の便所の窓から見ていたという隣りの小母さんがいたんですが、ついこないだ九十何歳かで亡くなってしまって、もう証人はなくなりました。昭和十年のことです。生まれた家が臨済宗妙心寺派の檀家で、行った先の寺も臨済宗妙心寺派の興福寺という寺だったんですよ。

終戦の年に、旧制の彦根中学校へ、試験を受けて入学しました。するとそこに越前先生みたいな宣教師さんが、英語の先生として教室へ現れたんです。びっくりしました。サミエル・ニコルソンという人でした。あとで分かったことですが、近くの近江八幡で、あのメンソレータムを始めた一柳ボーリスという宣教師さんを頼って、百頭ほどの山羊を連れてアメリカからやって来た、ハワード・ニコルソンさんの息子さんだったんです。

そのサミエル・ニコルソン先生は、金縁の眼鏡をかけた男前の先生で、私が生まれて初めて見たアメリカ人だったんです。その人が教壇で英語を教えたんですけど、英語なんてハンチャラケで、キリスト教の宣伝ばっかりしましたわ。私は禅宗の小僧やから、キリスト教がなんだと思って、歯を食いしばって聴いてたんです。

大学は師匠に言われるままに、妙心寺が経営する禅宗専門の花園大学へ入ったんです。そしたら、たくさんの偉い先生の中に、久松真一という先生が、たまたま京都大学を定年退官して、花園大学の教授となって来ておられたんです。そして三回生になるとこの先生から、世界中で禅ほど素晴らしいものはないんだぞ、と教えられたんです。特に西田幾多郎門下の先生だから、禅の絶対無的主体性こそこれからの世界を指導する原理だというわけです。私はそら見てみろとね、やっぱり禅が一番素晴らしいんやと有頂天になってたんです。

四回生になったとき、卒業論文は何を書こうかなと悩んでいました。ある時、本屋に行ったら、店先に『理想』という月刊雑誌のキルケゴール没後百年の特集が、どーんと積んでありました。これ何やと思って開いてみたら、見出しに「主体性こそが真理である」とあったんです。もう一つは、「いかにして、真のキリスト者となるか」と書いてあったんです。

これは面白いなァと思って早速買いました。今でも宝物みたいに大事に持っていますけどね。

まず、いかにして真のキリスト者になるかということ。ああ、そうか、クリスチャンにも真と偽があるんや、と初めて気がついて、それじゃ自分はどうしたら「真の禅僧」になれるんやろか、と思いましたね。

そして今まで嫌いだったキリスト教だったけど、初めてちょっと気を許したわけ。あっ、これならいけるぞと、大きなヒントを得たわけです。よしよしこれでやったろって思ったんです。しかしキルケゴールの言う主体性の内容は、「非真理としての主体性」だというんですね。人間はみな絶望的な存在であるから、神との関係無しには成り立たないような主体性だというんですね。よしこれで一つキルケゴールをたたき台にして、禅の主体性を論じたらうまくいくやろというわけで、『キルケゴールの実存と禅の実存』という格好いい題で、原稿用紙百枚の卒業論文を出したんです。

越前 ほーう。

西村 ところが口実試問のとき、この久松先生が、私の論文を徹底的に批判されたんですわ。「このようなキリスト教の理解で、君、これからの宗教対話の時代、やっていけると思うかね」ってね。私は先生に褒めてもらうつもりで、東洋的無的主体性から見ると、何がキリスト教の主体性なんじゃと書いたのにね。褒めてもらえると思ったのに、逆に徹底的にやられたんです。

越前 はっはっは。

西村　「まもなくスイスからエミール・ブルンネル教授がやって来られて、仏教との対話をしようというのに、こんな浅いキリスト教に対する理解と批判で対応が出来ますか」って言われた。あー俺が悪かったんや、もっとキリスト教の勉強もせないかんのやと、つくづく反省しました。卒業するともうそんなことすっかり忘れて、南禅寺専門道場という僧堂へ坐禅修行に行きました。そして柴山全慶という老師からご指導受けたんです。そしてたった二年間ですけど、坐禅修行に没頭しましたね、一応ね。

　道場を出てから、小中の先生になろうと思ってね、滋賀県の教員採用試験を受けましたけど、いつまで待っても採用通知無しでした。けど、あれが採用されていたら、今日の私は無かったんですから。そのお陰で、思いがけなく母校の花園大学の寮監に採用されたんです。

　その頃、寮生たちの眼を盗んで、夕方こっそりと京の街へ出掛け、インド人の始めたガンジー学園という所で、英会話の勉強をしていました。将来は外国人相手の京都文化の案内でもしてやろうと思ってね。するとある日、学生時代に宗教学の講義を聴いた緒方宗博という先生から突然、君、アメリカへ留学する気は無いかね、とお薦めを受けたんです。

　そしてどこに行ったかというと、行く先はクエーカーの本場であるフィラデルフィアのペンデルヒルというクエーカーの研究センターだったんです。そこへ一年余り行って、キリスト教の匂いだけは嗅いできた。英語なんか一年ぐらいではダメですよ。

でも、アメリカまで行ってきたという自信、一応は聖書の講義も聴きましたし、全部英語でね。それから一年間のセミナーというのがあって、それは「世界諸宗教の創造的出会い」というセミナーでした。これはバチカン公会議の開かれる前のことですよ。帰って来たのが、一九六一年です。公会議は確か二年から五年だったですね。

越前　一九六二年から始まりました。

西村　「世界宗教との対話局」というのがバチカンに創設されましたら、海外からいろんな人がザーッと日本にやって来ましたよ。禅とは何かを求めて。ほんとですよ。もうね、あの、上智大学では想像出来ないほどの人が来た、毎日のように。学者、それから、神父さんや牧師さん、心理学者、芸術家らがバンバンやって来て、その頃、英語で相手なれるのは、禅宗では私だけですよ。

今は、喋れる若い人はいるけど、あの頃英語の喋れる坊主は無かったんですよ。カナダのトリュドー首相がやって来て山田無文老師と面会したときにも、外務省から頼まれて通訳しましたよ。それから、やっぱり、アメリカで、恥を一年間かきましたんで、帰ったらもっと西洋の勉強しようと思って、柄にもなく京都大学の大学院に入って六年間、キリスト教や西洋哲学の研究をしました。お陰で宗教対話の集会にも、あちこち参加しました。そして今から四十年前、越前神父さんと出会うことになったんです。

◆キリスト教との出逢い

越前　だいたいのことは存じ上げていましたが、先生は、今、詳しく自叙伝のようなお話をなさいました。私は自叙伝ではなく、簡単に自己紹介だけさせていただきます。私も西村先生と同じ十人の兄弟の末っ子なんですが、生まれた所は、先生のような滋賀県とかという立派な所ではなくて、秋田県という雪の多い、雨の多い、日本海側の方に面している県なんです。

私が子供の頃は、北秋田郡と言ったんですけど、東北山脈に近い所で、県境を越えると青森県、岩手県なんですよ。そこに、大館町、今は大館市ですけど、秋田犬の出身地と言ったらお分かりになるでしょう。そこの商人といっても主に本屋と文房具店を兼ねた商店ですけど、父親が、次男坊だったもんで、その分家としてお店を始めたんです。

実家の長男の方は、呉服屋を隣りでやっていました。とにかく商人の子供として、男八人、女が二人の末っ子として、西村先生よりちょっと早く、昭和六年一月一日に生まれたんです。日本は戦時中でした。

西村　いやあ、この二年の違いは大きいですなあ。

越前　そういうことで、西村先生は英語がよく出来るんですけど、われわれの時は戦時中なので、英語が敵性言語でね、鬼畜米英の時代ですから。だから、英語の授業はありましたけど、あの時のテキストは、旧制中学だから、小泉八雲（ラフカディオ・ハーン）のテキストでした。けれども、戦時中は英語をあまりやらなかった。

私は野球をやらなかったけど、野球の用語もみな変な日本語に変えられた時代なんです。たとえば、ストライクはよし、アウトはダメ、セーフはよしとか。それがちょうど我々が中学時代なんですよ。だから、英語は出来ないんです。今は兄たちはもうほとんど亡くなりまして、一人だけ残って福島県のいわき市に住んでいます。私が思うには、兄姉たちは学校の先生にでもなっていればよかったのにと、今でも思います。

商人の子は、旧制高校などへ行く必要ないって、旧制中学や女学校まで行ったらまあいいだろうというのが、親父の考え方でした。私は、皆んな大学へ行きたいんだろうにと思いました。貧乏なのは分かるけど、大学に行かせていたら、私の兄たちはみな成功したと思うんですが、皆んな商売をやらされたんです。商売をやらなかったのは、私とすぐ上の兄と、その上の兄だけでした。他は全員商売をやりましたが、全部失敗しました。商人には向いていなかったんです。

兄の話はいいとして、親父は私が十歳のときに、小学校四年生のときに亡くなりました。おふくろは、私が生まれて数え歳で三歳のときに、亡くなりました。だから、母が恋しいという気持ちはありますが、思い出がないんです。

西村　あっ、先生もお母さん知らないんですか。
越前　知らないんですよ。
西村　私も知らんのや。
越前　だから立派になるんじゃないですか。
西村　そうかな。なんやら先生とよう似とるなあ。
越前　うん、先生とは似ていると思いますね。とにかく太平洋戦争が昭和二十（一九四五）年、中学三年のときに終わりました。中学が終わって、学制改革により新制高校の一期生になるんですが、卒業してどうするかが問題でした。兄弟たちはみな実家を出て、東京とか長野とか仙台とか、地方に行って働いていました。それで私は、三男の兄を頼って、信州は長野市に行きました。そこで兄が戦後の若者を育てるための出版業をしていたので、そこに勤めることにしました。これが私の青年時代の始まりなんです。
　私の家は日蓮宗でしたが、特別信心深いわけじゃないんですけど、私はすごく無常感が強くて、何でもつまらない、面白くない、生きていても何も意味が無いって悩んでいました。そういう精神状態のときに、私の二番目の姉が、女学校を卒業してから、秋田の聖霊女学院というカトリックの、今は短大ですけど、あの時は専門学校で、教師になるために入学していて、そこで、私の姉は、カトリックの信者になったんです。

その姉がたまたま冬休みに実家に帰って来たときに、いろんなカトリックの本を持ってきたのです。その中には当時の宣教師の書いた翻訳本などもありました。それである時、炬燵にあたりながら、私にキリスト教の話をしたんです。神さまがいるということ、よくお祈りをして、いい子になったら天国へ入れるという話をしたのです。まあ、西村先生、禅宗ではこういうことはみな否定されるでしょうけれども、当時の私は、そういう話を聞いたときに、丸ごと信じたんです。ちょうど十歳で、小学校四年生のときでした。

西村　そりゃ信じますわね。

越前　神さまがいるとね。けれども神さまがいるのは信じられたんですが、問題は、どうしたら安心立命《あんじんりゅうみょう》を得られるかということです。それには、神さまと一つになるしかない。では神さまのところに近づくには、どうすればいいのか、真剣に考えましたよ。すると、姉は、お祈りしていい子になれって言ったんです。それじゃ、お祈りして、いい子になろうって、決心したんです、本当に。そして、独り部屋に籠って、実際に熱心に祈ったんです。

西村　そりゃそうでしょうなあ。

越前　町には当時、カトリックの教会は無かったんです。むろん家には、神棚と仏壇があり、朝、形式的に手を合わせていましたが、特別信心深い家でもなかった。だから、姉が残していったキリスト教の信心書ばかり読んでいたんです。本屋の息子ですから。

親父に本なんか読んで遊んでるんじゃないと叱られましたが、こっそり本を読んでいた子供ですから、宗教書もそれほど難しいとは感じなかった。つまり私は、西村先生と違って、西村先生はいろんな偉い先生方との出会いや邂逅《かいこう》がおありでしたでしょうが、私にはそんな出会いとかは全く無かったのです。ですから、書物を通して、あとは神さまに直接関わるしかなかったんです。それが祈りです。

ただ一人で、どうしたら救われるか。もっと具体的に言うと、どうしたら安心立命が得られるか、どうしたら生きている喜びとか、張り合いとか、そういうものを感じることが出来るだろうか、という問題意識でしたね。だから、学校の勉強なんかも、一生懸命したという思い出がありません。

西村　そりゃ、本格派やわ。

越前　えっ。

西村　本格派。勉強も手に付かんほどというんやから。

越前　本格派じゃないですよ。

西村　それって、幾つぐらい。

越前　十歳の頃です。

西村　十歳で。そりゃ、本格派や。早熟やなあ。

越前　だから先生は大分前、私に、禅坊主になれって言ったんでしょうかね。

越前　まあとにかく、そういうことなんですけど。今度は西村先生の世代と重なるかも知れませんが、戦争に負けて日本は、本当に貧乏になったんでしょう。お金が無い。金が無ければ、大学にも行けない。ですから、高校卒業後、直ちに　信州にいて出版業を始めている兄の所へ身を寄せたんです。そして、兄の出版業を手伝いながら、そのかたわら、長野市のカトリック教会に通ったんです。

その時もうすでに私は、キリスト教の信仰を持っていたし、お祈りもしていたのですけど、洗礼を受けていなかったからカトリック信者ではなかったんです。信者になるためには、教会に一年間ぐらい通って、カトリックの要理を勉強しなければならなかったんです。そうして、友人たちと一緒に、十二月二十四日の聖夜ミサの中で、洗礼を受けたのです。

それが、十八歳のクリスマスのときでした。それは一九四九（昭和二十四）年でした。とにかくそうやって、やっと洗礼を受けたんです。特に感激したわけではないのですが。

ちょっとロマンチックな話をしてもいいですか。それはちょうど十二月二十四日の真夜中、クリスマスの日です。家が善光寺さんの近くなので、中央通りを独りで歩いていたんです。あたりはしんと静まりかえっていました。雪が降っていました。一人で歩きながら、やっぱりいい気持ちだったんですよ。初めて私は、ああ、良かったなあと思いました。受洗後は万事うまくゆきました。

西村　やっぱり、その辺から私と離れていくなあ。洗礼を受けて、いい気持ちなったという、その辺が、私には分からない。

越前　先生も洗礼受けたら分かるんじゃないですか。はっはっは。

西村　だからって受けようとも思わないし。

越前　ということで、長野市のカトリック教会で洗礼受けました。出版の仕事をやっているうちに、兄の命で東京に出ました。兄の代わりに神田の淡路町で、信友社という出版社の出張所長として出版の仕事をしました。会社は信州の友という意味です。戦後の貧しい時代でしたが、出版業は楽しかったです。本を出せば、売れましたし。

それで私の出家の動機になるんですけど、そういうマスコミ関係の仕事を東京の神田で四年間やっていたんですけど、やっぱり将来のことが不安で、僕の一生の道は何だろうと考えていたんです。すると、私に出来ることは、三つの可能性しかない。一つ目は、学校の先生をやること。二つ目は出版業が好きだから、出版の仕事を、もし資金があれば続けてもいい。三つ目は修道院に入ることでした。なぜ、修道院に入りたかったかというと、やっぱり子供のときから、よくお祈りしていた子だったからなんですよ。先生は坐禅でしょうけど。

西村　私は坐禅なんかしてませんぞ。

越前　はっはっ。私はお祈りばっかりしていましたよ。

西村　本当ですか。

◆神父への道

越前　だから、修道院に入るか、学校の先生になるか、出版をやるかという選択肢があった。絶対に会社員にはならない、公務員にならない、もちろん、軍人になったりなんかはしない。で、そのようなことを考えているとき、たまたま私の出身の長野カトリック教会の先輩にあたる東大の医学部に在籍の友人が、私の所に訪ねて来たんです。そこで私は自分の将来のことについて、彼にいろいろ相談したんです。

そうしたら彼は、じゃ、あなたはお茶の水の駅の近くに住んでいるから、中央線の電車に乗れば、四ツ谷駅に行かれる。四ツ谷駅前には、聖イグナチオ教会というのがある。その隣りには、上智大学という私立大学があります。そこの設立母体は、カトリック・イエズス会という修道会である。そこの管区長を紹介しましょうと、私に言ってくれました。

私は、それまではイエズス会なんか、あまりよく知らなかった。私が知っている長野教会は、アシジの聖フランチェスコが創立したフランシスコ会でしたからね。

その時の管区長は、オーストリア人のパウロ・フィステル神父でした。お会いして自分の召命《しょうめい》と進路のことをお話ししたら、管区長は分かりましたとお答えになり、それならあなた自身で選んで下さい。ここに二つの選択肢があります。一つは、来年の三月の終わりに、広島市の長束という所にあるイエズス会の修練院に入って二年間、修練をして下さい。その後、初誓願を立てて、正式にイエズス会士となって下さい。そのあと学業があります。

もう一つは、来春、上智大学文学部哲学科を受験して、ラテン語を学習して下さい。そのあとで修練院に入って、修練をすることになります、と。修練期が終了すると、三つの誓願を立てます。それは清貧・貞潔・従順です。清貧というのは私有財産を放棄することです。貞潔というのは結婚をしないということです。従順というのは、修道会の長上の命令に従うという誓いです。長上というのは、イエズス会の総会長とか、管区長とか、院長とかです。あなたは、こういう誓願を立てて初めて、正式のイエズス会士になります、と。

当時すでに二十代になっていた私は、語学の能力があまりないので、先に上智大学に入ることを選択したのです。当時は、教会用語のラテン語で学習しなければならなかったんです。哲学も、神学もね。

もう一つ問題は、お金の無いことでした。そう正直に管区長に申し上げたら、お金のことは心配しないでよろしい、イエズス会が面倒見ます、と言われました。どれほど嬉しかったか、今でもイエズス会に対する感謝の念は変わりません。
とにかく、入学してラテン語で苦労したということは別にして、上智大学に合格して信者の寮に入り、二年間の教養教育課程が終わって、イエズス会の修練院に入りました。修練が終わって、誓願を立て、一応イエズス会士として修道者になりました。
その後は、哲学、神学、第三修練などの養成期間が十年ほどあって、一人前の会員としてそれぞれの職務に派遣されるのです。私の場合は大学でした。それが今日まで続いてきてるわけです。ですから本音を言えば、少しでもイエズス会に恩返しして、来世に行きたいと考えているんです。私の好きな言葉はいっぱいありますが、「この道一筋に歩む」ですね。

西村　いや、歩いた道が大分違ってきましたね、やっぱり。

越前　西村先生と私とではね。

西村　越前先生は自発的、自己決定的に、その上、小さいときから天分もあり、お祈りをするとか、お姉さんの影響でエンデルレ書店の本読むとかですね。

越前　そう。

西村　お話を聞いていると、他のことに全然関心がなくて、ただもう救われたいと思っていたということですが、やはりどこやら普通の人と違いますね。

越前　そう、自分でも普通じゃないと思っています。

西村　普通じゃない。どこで普通じゃなくなったかというと、やっぱり、お父さんお母さんと早く別れてることとか。十人兄弟の末っ子というたら、もうどうでもいい子ですもんね。

越前　そういうこと、そういうこと。

西村　だから、学校もやってもらえないということはね。一人子やったらどこへでも行けたでしょう。でも十人目の子となると、勝手にしろてなもんで、そういう中で育てられた。その孤独から出てくる、何かにすがろうとする気持ちが神に向いたんですね。

越前　そうです、そうです。

西村　分かる、分かる。

越前　西村先生、ちゃんと私の、魂の分析までしてくれて。

西村　ま、たいてい分かりますよ。というのはね、あっちにもこっちにも神父さんがおるんと違いますで。あなたにはやっぱり貴重な道が与えられていたんでしょうね。

越前　本当ですか。

西村　なぜそういうことになったかというと、やっぱり非凡なところが、あなたのどっかにありますよ。頭がいいとか悪いとか、そんな問題じゃない。私も寺へ連れて来られたけど、もし真宗のお寺へなんか入れられてたら、人生はすっかり変わっていたでしょうね。

越前　あ、そう。

西村　それから、臨済宗だったから自分の性に合ったわけ。
越前　はっ、はっ、はっ。
西村　悪いけど私は、まかり間違っても、浄土宗や天台宗、同じ禅宗でも曹洞宗《そうとうしゅう》では性に合わん、やっぱり臨済宗でないと。
越前　どうしてですか？
西村　何か自分の性格に合わない。
越前　何で。
西村　私には臨済宗の教えややり方が、自分の性分とバッチリ合うので有難い。
越前　西村先生、話が飛びますけど、「禅とキリスト教懇談会」の集まりのときに、坐禅指導なさいましたよね。あの棒でパシッとやられて、私痛かったよ。
坐禅を始める前に、「無念無想なんて、そんなもの無いぞ」って言うわけ。こっちは無念無想だと思ってさ、何も考えず何も思わずしてるわけじゃないですか。それが「無念無想なんて無いぞ」って言うんだから。
西村　いいこと覚えてますな。
越前　それだけは憶えているんですよ。無念無想しないで何をするんですか。しかも曹洞宗だったら、只管打坐《しかんたざ》とかなるでしょう、ただ坐れって。

西村　あんなデレデレしたこと、私は性分に合わん。
越前　だからこちらは公案禅というわけですか。それがよく分からないんだけどね。

◆禅寺に育てられて

西村　あのね、聞いててやっぱり違うところはね、あなたは自分で自己決定的にキリスト教を信仰しよう、洗礼受けよう。修道院に入りたいってね。そんなの物凄《ものすご》いじゃないですか。神に導かれて。ほんとに。

私なんかはね、全然、自己決定してないで、親の顔も知らないうちに、気がついたらお寺だったんですよ。

それでもう、お前はお寺の子だからと言われ、学校から帰って来ても、皆んなが戦争ごっこして隣りの神社で遊んでいるのに、僕は境内にノルマの線を引かれて、草取りやんか。除草剤なんかありませんから、草はみっしり生えるんですからね。毎日草取りばっかりや。師匠は七十七で死なれたんですが、とにかく住職としてやった仕事の九十パーセントが、あの掃除ですよ。九十パーセントですよ。

坐禅会なんか一遍もしてませんよ。よそへ講演に行って禅の話をする。冗談じゃない。黙って、ただ黙々と草取りばっかり。禅寺は、一に掃除、二に看経《かんきん》（経をよむこと）、三、四が無くて五が坐禅っていうわけでね。禅寺は、掃除ばっかりですよ。

越前　それは、臨済でしょう。

西村　ま、臨済の言い習わしですけどね。曹洞のことは、どう言っているか知りません。一は掃除ですよ。住職は、一、掃除。二、看経はね、これもあったのよ。お経を真面目に読むこと。朝晩の日課と言ってね。日に課せられた日課って言ってね、お経です。三、四が無くて、やっと、五が坐禅や。禅寺は掃除が第一。草の生えた禅寺は落第です。

それで、私は毎日毎日、よその子供が遊んでるのに、涙ポトポト落としながらノルマを済まさないと遊びに行けなかった。行った頃には皆んな、さよならって帰って行く。僕は一人で神社を走り回っていた。しかもね、ちょっとでも遅くなると山門も裏門もバシッと閉められる。もう入れない。今だったら入れる所いっぱいあるんですよ。しかし怖いの、自分で無理に入るのが。

だから泣くばっかりね。だいぶ泣いてから養母がね、一生着物着ていた義母が、潜《くぐ》り門開けて、「もう分かったか、和《お》っさんに謝ってやるから、もう入りなさい」ってね。なんぼ泣きじゃくりしながら飯食うたか、ほんまに。ま、とにかく非常に厳しくやられた。それもこれも今は私の糧になっていて、誰にも持っていかれない。

とにかく私は越前先生のように自発的な宗教家じゃない。私は寺へ連れて来られただけです。

でも禅宗では、「発心《ほっしん》」って言ってね。自分から心を発するという自発性、これが大事です。発《ぼ》菩提心《ぼだいしん》って言うんですけど、まず心を発《おこ》して出家する、というのが習いだったんです。

越前　そうそう。

西村　割愛《かつあい》の情と言って、家を出るのは辛いんですけどね。お釈迦さんがやったように何遍も後ろを振り返りつつ、父母をあとにして家を出るんです。それが本来です。ところがこの頃、そういう人は少ないんですね。坊んさんはほとんどお寺の自家生産です。それどころか、中年になって自発的に禅坊主になった人を、あいつは道心坊主やって馬鹿にするんです。これは悪い意味です。

道心というのは、仏道を求める心。今の三千院門跡《もんぜき》の堀沢祖門さんは、京都大学経済学部におったのに、二回生で中退して比叡山に登って、それから十二年籠山《ろうざん》をして、今は、立派な三千院の門跡さんですよ。そういう坊さんを、道心坊主というんですね。いい言葉でしょう。しかしこれは寺生まれの坊さんたちが付けた、微妙な揶揄《やゆ》ですよ。雛僧《ひなそう》生活をやってない奴という軽蔑語ですな。

そこへ行くと私は、道心坊主ではないんです。ここ微妙です。私の立場は微妙ですよ。お寺で生まれてないけど、決して自発的な道心坊主でもないですよ。神父さんのように、自ら求めて宗教の世界へ入ったというんじゃない。いつでも辞めようと思うたら辞められるんです、私は。

辞めようと思うたら辞められるんだけど。子供の頃に草引きして落とした涙が、境内に染み込んでいますから、辞められん。そういう微妙な、わけの分からない気分を引きずって、ずるずると生きてきただけです。それが禅僧としての、今の私の生きがいです。

家を出て寺に入ったんだから、いつでも嫌になったら寺を出たらいい。それをずるずると禅寺に住んでいるんです。あとはどうすれば、自分は禅僧らしく生きられるかだけです。自分は真の禅僧であるかどうか、それが私自身への問いかけです。私はほんとにそれを求めているんです。

これから言いますけども、定型パターンな禅の道を通らなかったんです。その一つの要因がキリスト教の影響であったことは確かです。だから、私は越前先生を、偉いもんや、小さい頃から宗教的天分があってこそ、信じたとか、教会へ行ったとか。そんなこと普通の少年がすることじゃないですわ。本屋さんのボンが。

越前　そりゃそうでしょうね。

西村　なあ、それは、何がそうさせたのか。やっぱりあなたの運命と天分ですね。

◆「禅とキリスト教懇談会」設立

西村　一九六五か六六年頃に、以前私をペンデルヒルへ招いてくれた、ダグラス・スティヤーというハーバーフォード大学の哲学教授が日本へやって来ました。この人はクエーカーの長老だったのです。久しぶりに奥さんと一緒にね。私、懐かしく先生に出会いましたら、自分は第二バチカン公会議を傍聴したんだけど、やはり諸宗教の対話ということは、これからは必要だと思うと言われた。あの人はクエーカーだから、どうしても禅が好きなんですね。だからやるなら「禅とキリスト教」でやろうというわけです。

私はこのダグラス・スティヤー先生のお世話でアメリカへ行ったもんですから、先生から禅の代表的な人を集めるのを手伝ってくれと言われて、先生の鞄を持ってあちこち、偉い老師方を誘って歩いたんです。

こうして私は、生まれて初めて日本にいるキリスト教の偉い人と出会うことになった。エノミヤ・ラサールとか、ハインリッヒ・デュモリンとかいう神父さん、旧約聖書研究者の関根正雄さんとか開拓伝道の浅野順一さんとか、なんか偉い人が集まって来られました。禅宗からは柴山全慶とか、花園大学で二十年以上も学長をしていた昭和の傑僧山田無文とか、古田紹欽とか、秋月龍珉とか、まあ、錚々たる人を集めたわけです。考えられんような贅沢な顔ぶれですわ。

大磯のアカデミーハウスというキリスト教のセミナーハウスで、第一回目をやりました。忘れもしませんわ。五日間ぐらいやった。その時、曹洞宗の奈良康明さんや、プロテスタントの八木誠一さんもいた。私ら三人は一回目から今まで、ずーっと続いて出席してきました。

奈良さんがこないだ亡くなったから、最初の人たちはもうほとんど亡くなってしまったんです。だから越前先生も、奈良さんが死んでしまったんじゃ、これから禅キ懇（禅とキリスト教懇談会）はどうなるんだろうねって心配されてましたね。私もやっぱり内容は少し変わるだろうと思いますな。

越前　そりゃ西村先生次第ですよ。

西村　いや、私ももう辞めようかな、と思っているんです。越前先生は、何回目位からの参加でしたか。

越前　十回目くらいではないかと思いますが、定かではないです。しかし、桐生のフランシスコ会のことは印象深く覚えていますね。この時の幹事は、確か奈良先生だったと思う。

西村　僕は休んでたんかな、その時は。ま、とにかく五十年も続いている。ジャーナリズムを一切入れない。メンバーも変えない。閉鎖的な会ですね。第一回目は、魂の遍歴を語り合うということで。なにしろ根っからのクエーカーの入江勇起男という東京教育大の教授がいて、この人が建てた二つのテーマが、「私の魂の遍歴」と、それからいかにもクエーカーらしく、「社会的責任」ということだった。この二つのテーマで五日間、昼も夜もびっしりやったんですよ。

そうそう第一回にはドミニコ会の押田成人神父さんもいたなあ。あの人は変わった人だった。ドミニカンの白い衣を頭からこう被ってね。そんなの被って来なくていいのにね。なんでも東大紛争のときに、時計台から逃げた奴らが、皆んな押田神父の庵に、あれは長野県のどこかの地蔵堂か薬師堂か知らんが、そこへ逃げ込んだとか。
私も押田神父をよく知ってまして、奈良さんと京都のノートルダム女子大学へ講演を頼まれて行ったことあるけど、押田さんは上智大学でも、そう私が門脇佳吉神父に頼まれて話に行ったときも、押田さんは舞台をあっちからこっちまで歩きながら喋《しゃべ》っとったわ。変わった人でしたなあ。
とにかくそういう人が来てましてね、それが毎年続いたんです。毎年続けるってことは、大変なことですよ。夏に五日間ですよ。確か四泊五日でした。最初は昼も夜もですからね。終わってから酒を飲み始めたのは越前神父が入ってきてからです。それまでは駒沢の鈴木格禅さんと私は、部屋に帰ってから二人でこっそり飲んでいましたわ。

越前　聞いていましたよ。

西村　表向きは禁酒。何せ石部金吉《いしべきんきち》のクエーカー教徒の主催ですからね。初めは年寄りばかりやから、皆んな昼寝しよったね。われわれまだ三十歳くらいでしたかな。奈良さんも八木誠一さんも。八木さんなんか九州大学の滝沢克己さんから博士号を取ったばっかりでしたわ。
いつだったか奈良さんと八木さんと僕とが昼寝のとき、江ノ島へドライブしたことがあった。今でもその時の写真がありますよ。八木さんなんかこうしてベレー帽被ってる。奈良さんなんかまだ黒い髪。その黒髪が全部真っ白になって、テレビに出るようになっていくでしょう。

晩年になるとその白髪もツルツルの坊主頭になった。「あれ、どうしたの、奈良さん」と言うたら、「そろそろ、永平寺に引っ張られるらしいんだ」って。髪が長くては永平寺へ行けんわな。そしたら奈良さんの男前ががたっと落ちたもんですわ。先日、私、『大法輪』という仏教雑誌に、奈良さんの追悼文を書かせてもらいましたよ。想い出がいっぱいありますから。

懇談会では毎回テーマを変えましてね、交替で卓話をするんです。司会者とコメンテーターがいて。ある時から坂東性純という大谷大学の先生が参加してこられた。この人だけが真宗の人で禅僧じゃなかった。あの坂東さんを誘ったのは、確か奈良さんやったな。二人とももう死んでしもうた。

あれが突破口ですよ。ダグラス・スティヤー先生は、禅とキリスト教の懇談会だと言っておられたんですけど、まあ仏教徒だったらいいんじゃないかと言って、奈良さんが坂東さんを連れてきた。坂東さんは大谷大学で鈴木大拙先生とも昵懇でしたから。そして今は神道の人も来ておられますね。国学院の三橋健さんや、小林章子という女の神主さんもメンバーですね。

三橋健さんは国学院大学の偉い先生でね。靖国神社で問題になり、右翼に追われて永平寺に逃げ込んだとか。一年かなんぼかね。そして永平寺からまたあの山の中の僧堂へ移って住んだとか。それで三橋さんも禅寺の生活をよく知っておられる。

いつだったか宇治の修道院のとき、「政治と宗教」のテーマで、私が幹事だった。奥村一郎神父が南米から帰ったばかりで、奥村神父が南米の現状など、政治的なことを言った。

越前　あの時は、解放の神学というのが、喧《やかま》しかった。

西村　そうや。それで越前神父が、「そんな政治的なことを言うのがこの会じゃないでしょう」とやり出した。越前神父が社会問題をぶっ壊してしもうたんや。

越前　その前から言っていたんですけど。桐生のときだったか、夜のセッションを止めたらどうですかって。

西村　まあ、そういうふうでね、始めは固くゴツゴツした会の雰囲気だったのが、しだいにソフトになってでね。でも会の内容だけは崩さなかった。豆腐みたいなもんですね。柔らかいけど形は崩さない。

越前　そういうことで、今、西村先生がお話しになったんですけど、始めは「禅とキリスト教」という宗教対話だったけど、そのうちにだんだん、浄土真宗の先生も神道の先生も入ってね、諸宗教の対話になってきましたけど、今日まで続いているってことは、凄いことだなというふうに思いますね。

Ⅱ　宗教とは何か

◆私にとっての宗教

西村　恩師西谷啓二先生が、『宗教とは何か』という本を書いておられて、世界的な名著になっています。実に素晴らしいテキストですが、まあ今度は越前先生から、先に話して下さい。

越前　私にとって宗教とは「道」だと思っています。目的は安心立命と言う人も、悟りと言う人もいるでしょう。天国で救われると言う人もいるでしょう。それは一人ひとりが目的をどこに設定しているかによりますけれど。

私は富士山の譬えが一番いいと思いますが、「わけ登る　ふもとの道は多けれど　同じ高嶺の月を見るかな」で、「同じ高嶺の月」というのが宗教の目指すところだ、と思っています。

それを宗派によって悟りと言ったり、カトリックの場合は天国に入るということなんですが、天国ってどういう所かというと、神さまとともに他の聖人たちや天使たちとも一緒にいる「愛と真実と平和と喜びの霊的状態」だと、私は思っています。それは信じて初めて分かることなんですが。

ともかく私に言わせれば、宗教は「道」だと思っています。道にはいろいろあるでしょう。私は富士山に三回登ったことがあるんですけど、たとえば富士山に登るときには、普通、富士吉田口から登るわけです。だいたい五合目から六時間で登るんですけどね。

途中で山小屋に泊まるんだけど、そして朝早く起きて頂上まで行って、ご来光。浅間神社の鳥居のある所からご来光を拝む、というのがパターンですね。富士山も宗教的な山ですからね。「六根清浄《ろっこんしょうじょう》、お山は晴天」と声を出しながら白装束の巡礼者が団体で、富士山に登ることが多い。むろん一般の登山客も多い。登頂にはいろんな道があるわけですよ。富士吉田口もあれば、須走口《すばしりぐち》もあれば、御殿場口《ごてんばぐち》もあれば、というように。皆んな富士山の頂上を目指しているわけですよ。

でも、道は皆んな、違うんですよ。違うのは当然ですけど、そこには、難易があると思います。また、迷子になったりすることもある。原生林の中に案内なしに入ったりすると、遭難もします。ともあれ一歩一歩登っていきさえすれば、必ず頂上に着きます。だから宗教は、そうした目的にどうしたら到着することが出来るか、という方法や手段や道を教えているものだと思うんです。禅宗の道で悟るのか、カトリックの道で救われるのか、浄土門で安心を得るか、人さまざまだと思うんです。

私自身は宗教というものを、そのようにとらえています。道の優劣を論じてもはじまらない。登る人にとって、自分にはこれが合っているという道を選んで、歩くのが一番いいのではないでしょうか。

その場合の宗教を説いているのが、宗教教団だと思うんです。宗教教団というのは、大雑把に言うと、教祖がいるとか教義があるとか、祭儀があるとか戒律があるとか、信仰共同体があるという要素で決まります。

宗教学的にはそういうことなんですが、たとえば神道は教祖がいないんです。だから、宗教ではないと、一時期言われたことがありますが、れっきとした祭儀があり、信仰共同体もあります。皆さんはだいたい、神道の氏子《うじこ》さんですよね。

宗教というのがどういう道かというと、キリスト教の立場から言いますが、やっぱり人間は「神の似像《じぞう》」として創造されたのです（創世記1：26〜27参照）。ということは神のかたどり、似姿ですから、神的な本性を有していると言えるのではないでしょうか。キリスト教は、洗礼を受けたキリスト者を、「神の子」と呼んでいます。

つまり、人間はほんらい聖なる尊い存在なんです。「創世記」の物語によれば、人祖エバは禁断の木の実を食べて神に背いたから、楽園を追放されたとあります。その結果、この世は、悪徳つまり苦しみと悪と死の世界になってしまいました。だから、そういう状態から救われ、人間が本来生きているべき楽園に帰るにはどうすればよいかということで、ユダヤ教やキリスト教やイスラム教のような唯一神信仰を持った宗教が発生したと思うんです。

もう少し具体的に言うと、人間は死んだらどこへ行くのか、仏教とキリスト教では考え方が大きく違うと思うんです。キリスト教から言うと、人間は、魂（霊）と精神（心）と身体から成り立っている三位一体的な構造をもつ生命なんです。

精神や身体は「魂」の機能であり、道具であり、手段なのです。この中で「魂」こそが人の本質であり、神の似像なのです。人格の核心と言ってもいいでしょう。死ぬというのは、生命の原理である魂が身体から離れて、霊界に移り住むことなのです。魂の命は永遠です、と教えているんです。

だから問題は、魂が永遠でいつも変化し、進化・発展しているんですけど、各人にとって、それをいかに意識して、物事を選択するかなんです。人間は何を選択して、どのように自己創造をしていくかが、各人に与えられた最も重要な課題だと思うんです。人間は本来神の似像ですから、認識や愛の能力のほかに、創造力も賦与されているのです。その原動力は何かというと、意識なのです。私たちは、毎日、各瞬間、自己意識によって自分自身を創造しているんです。その場合の創造力というのは、思念、感情、言葉、行為など意識のはたらきなのです。問題は、世の中のほとんどの人がそれを認識していないことです。無知というのは、本当に地獄だと思いますね。人は、自分が知り、信じ、行動することによって、その結果を経験するのではないでしょうか。だから、神がいないと思っていたら、神のいない世界を経験するでしょう。神がいると思っている人は、神のいる処へ行くでしょう。

たとえば、私は阿弥陀さんの世界に行きたいと思えば、阿弥陀さんの世界に行くでしょうし、お釈迦さんの世界に行きたいと思えば、お釈迦さんの世界に行くでしょう。私はキリスト様の国に行きたいと思っているので、キリストの国に行くでしょう。私は人間学の教員だから言うわけではないですけど、やっぱり人間にとって意識というものは、創造力だと思うんです。

先ほど富士登山のお話をしました。どの登山道をどういうふうに登るかは、その本人が決めることなんです。一度、私は三十歳の頃、夏の休暇で、河口湖町のある大家さんの家に泊まっていたことがあるんです。眼の前に秀麗な富士山が聳えているのです。ある日、友人と五合目までバスで行き、そこの峠の茶屋で休んでいたのです。昼頃でした。真っ青の空に測候所（現在は無い）のある剣ヶ峰が眼の前に見えたんです。

それで登ろうかということで、友人と二人で、火山灰や火山礫《れき》に足を取られながら、大きな岩にしがみつきながら、夢中になって登っていったんです。頂上まで三時間で登ったんですが、何の装備も無しに、無茶な感じでしたね。山小屋のおじさんに叱られましたよ。夜になって頂上から下山してくる人間などいないぞと。

だから、人生という道も正しくて適切な指導がなければ、迷うんじゃないでしょうか。人がどう生きるか、個人によってみな違うでしょうが、どうやって安全かつ確実に目的地に着くかは、いろいろな知識とか情報とか導きによるのではないでしょうか。宗教というのはその道案内みたいなもので、より安全でより確実に、そしてより快適に目的を達成することが出来るよう導いているのではないでしょうか。

くどいようですが、無知なら迷子になったり遭難したりするでしょう。私は富士山の原生林の中にも少し入ったことがありますが、目印をつけるかあるいはベテランのガイドがついていないと、間違いなく行方が分からなくなって、餓死してしまいます。

私はやっぱり、宗教家というのは、人生のガイド役ではないかと思っています。宗教を教えるというのは、あなたはどうしたら安心立命が得られるか、救われるかという課題に応えることではないでしょうか。キリスト教の場合は、神の御子が人の子イエスになられて（受肉の神秘）、私たちの罪業と死と不幸を引き受けられ、十字架の死を受諾されて死に、復活され、昇天されたことにより、救い主キリストとなられました。ですから、主イエス・キリストを信仰することによって、私たちの罪や悪行が赦され、神の恩恵を受けて、神の子となり、神の国に永遠に救われる、と教えているのです。

だから、キリスト教が禅宗よりも、優れているとかというような教相判釈《きょうそうはんじゃく》には、今の私には何の関心も無いんです。

西村　僕も無いよ。

越前　私にとって、安心立命さえ得られれば、禅宗でも浄土宗でも、神道でも何でもいいんだ、というのが私の考え方なんです。

西村　宗教対話というと探り合いみたいですが、私はそういうのは無いと思うな。自分をよく知るために他を知る。やっぱり、日本を出ないと日本の良さが分からんような話がいっぱいある。だけどそうしないで、自分の宗教が一番いいと思っている人がほとんどですからね。

今、越前先生が言われたように、こうでなければならんというものは無くてね、人の数だけ宗教があってもいいと思いますよ。

ところで、宗教とは何かという問題ですね。私はもう答えは自分で決めてあるんです。学生にもいつも言ったけど。宗教とは、見えないものと深い関係を持つことやないかと思うんです。眼に見えないものは、神さまであってもいいし、自分の内側にある真実の自己であってもいいけど、とにかく眼に見える世界を超えてあるものです。ただ単に上への超越というだけでなく、下の方へ自己の底を掘って自己の外へ出るということでもよい。いずれにせよ、自分を突破することによって真実の自己を掴む。

そういうように、見えないものとの関係を持ちたいと思う人が、象徴的に造りだすものがいろいろの宗教的な象徴だと思うんですね。

ところが、われわれは眼に見えるものだけ、たとえば、お寺にお参りすることが宗教だとか、手を合わせてお祈りすることが宗教だと、そういうふうに思ってしまいますけど、それはどんな形をとっていてもいい。その人がいかに不可視な眼に見えないものと、深く関わろうとしているかということ、これが宗教というものの本質だと思いますね。

◆人生と宗教

西村　話が全然違いますけど、波多野精一という人に『時と永遠』という名著がありますね。大分前に亡くなった京都大学の先生ですね。この先生が自然的生・文化的生・宗教的生と人間の生き方を三つに分けています。

自然的生というのは、誰でもやっていることです。ご飯を食べないと死んでしまいますから、なぜご飯を食べるのかなどと問うことは出来ない。そういう自然的生をわれわれは生きているわけですが、人間にはそれだけでは満足出来ないものがある。人生をより豊かにしようという要求があります。それを充たすのが文化的生ですね。ご飯を食べるのは動物として、いや生き物として最低限必要なこと。しかしこの文化的生は、あったほうがいい、というものです。別に無くても死なないけど、あったほうがいい、というものですね。あっても無くてもいい。

ところが宗教的生っていうのは面白いもので、必要な人にとっては必要です。それが無ければ一日もやっていけないという、さっきの越前先生の青年時代みたいなもんですわ。ところが、必要と思わない人にとっては何の必要もない。そういうのが宗教的生というもので、これはもう、人によって全く違う部分です。神社の前を平気で通り過ごせる人もいるし、小さな道端のお地蔵さんに、毎朝線香とお花をお供えをする婆さんもいる。

自然的生というのは基本的な生活の方法ですが、それを少しでもベターなものにしようとするために、皆んな美術館も行くし、電気を点したり、美しい窓を付けたり、皆んな、快適にしようとする。それが文化的な営み。

それとは全く異質な部分が人間にはあって、どうしても必要だと言う人と、そんなの自分には関係ない、と言う人があるんですね。いらぬお節介だけど、その欠如ともいうべき宗教的生の部分に気づかせてあげて、もっと豊かな人生にさせてあげることが、宗教家の使命だと私は思うんですけどね。

ところが、始めから指導者みたいな顔していると、誰も寄ってこない。宗教者自らが自分の真実を求めるということでないと、人は付いてこないと思います。そうでないと、たとえば本を書いても、それは文化的なレベルに過ぎないわね。本を読むとか、お話を聞くとかは、文化的な生のことですわね。それが無くては自分が半分になってしまう、というところまで目覚めさせるのが、宗教家の役目だと思います。

たとえばですね、自分を超えたものとの関係、上を向いて何かを探ろうとする方向、超越論的というか、形而上学的というか、そういうものへの関わりがキリスト教のような宗教だと思いますが、禅宗なんかはどっちかというと、自分の中の超越的な部分に向かって関わろうとするんです。自己の脚下に超えたものを見つけようとする。

よく禅では無我と言いますけど、無我という真実の自己を、日常的な自己の根底に持っているという生き方が、禅的な生き方だと思うんですね。自己の根底を掘り下げていく。そこに何か、無的主体というか、絶対的自我というか、あなたに対する私というような、相対的自我じゃなくて、私でさえないような大きな、大きな私に気づく。

じっさい私を分析すれば、飲んでる水も、吸っている空気も、着ている着物も、食べている野菜も、すべて大自然から貰ったもの、それがこの私を形成している。そういう大きな自我に気づくことが禅という宗教だと思いますが、それは自分自身でなければ出来ません。人に話を聞いて、というのではまだ文化的生の段階でしかありません。

越前　いや、本当にそうだと思いますよ。西村先生はよく禅キ懇で、「己事究明《こじきゅうめい》」って仰しゃいますでしょう。自分って何者か、自分って何だろうってね。

「己事究明」と臨済の方で言うけど、僕はキリスト教でもそうだと思いますよ。カトリックもプロテスタントも、同じキリスト教ですけど、僕なんかもね、若いときに信者になりましたが、その時のキリスト教についての考えと、今の考えとは大分違《ちが》います。

というのは、その当時は、簡単に言えば、神を信じてお縋《すが》りすれば救われる。安心を得られると、ずっと思っていた。そのためにお祈りもするし、教会へも行くし、修道院へ入ったのも、そういうことだったんですけど。でも最近はそうじゃない、と思うんですよ。

どういうことかと言いますと、結論みたいなことから言うと、皆んなが神であり、神の現れなんですよ。

救われているかいないかというのは、意識の問題で、神はすべてで、すべては神であるというのが大前提。つまり、これが神さまでこっちが仏さまでということでなく、仏さまもぜんぶ神さま。今、神さまと名前を言ったけど、名前なんか無くても「無」でも何でもいい。とにかく在るなら「在る」。存在している。それが神で、それ自体が尊いものなんです。

でも抽象的に、自分もすべてのものもみな神であると、知識としては分かっているけれど、問題はそれがどういうことなのかを経験的に分かることではないでしょうか。西村先生も己事究明のために、己事究明をしているじゃない。では西村先生、あなたって何ですかって聞かれたら、俺か俺なんか無いなって言うかも知れない。それじゃ越前、お前は何だって聞かれたら、何だろうかと思う。本当の自分が何者であるか分かっていない。それを体験的に本当に分かることが、いわば悟りで、それに向かって日々、自分自身を創造していくということではないでしょうか。

これは教会で教えられることではないと思うんです。教会ではキリスト教の信仰箇条というか、主キリストによって教えられた真理、たとえば三位一体の神とか、主イエス・キリストの生涯や教えや事跡などのお話をしているわけです。

あなたは既に神の子であり、神の似像であるが、それを本当に体験的に知りたいわけです。私もそうだけど、道を求める者たちはみな自分自身が神と一つであることを頭の知識で分かっているけれども、ほんとは分かっていない。体験してこそ本当に分かるのではないでしょうか。

西村　越前先生がそういうふうに言われると、ぐんぐんと禅に近寄って来るんですね。仏教に近づいてこられると、私はむしろ困るんです。やはり違うものであって欲しいんです、僕は。

越前　つまり私が言いたいことは、いろんな宗教団体があって、この宗教を信ずればあなたは救われますよ、というふうに教えているじゃないですか。そこを私は批判しているのではなくて、そうなのかなって思う。信者になっても心の安らぎというか、これだということを、分かっている人は、それほど多くないのではないでしょうか。

みな知識だけあって、理屈で分かっていても、本当のところは分かっていない。だから死んでから自分がどういう自分であるか、ということが分からないんじゃない？　西村先生もそうだと思うよ。そうかこれがキリスト教か、って分かると思いますよ。

私は、宗教が救いのための道だと信じて、キリスト教に入信したんです。それによって罪が赦され、天国（神の国）へ入ることが出来る。そのための道だと考え、信じていますが、西村先生はいったい宗教を、どう思っていらっしゃるんですか。

◆仏教の反超越主義

西村　道というイメージよりも、途上におけるある瞬間の開け、と言ったほうがいいかな。道というと何か登っていくというイメージがあるから、理想主義に見えちゃうけど。

越前　そうか。

西村　私に言わせたら、道を登るというイメージは、理想主義に聞こえるんですよ。なかなか難しいところですが。

インドには紀元前数千年前からウパニシャッドという哲学があって、それに基づいてバラモン教があった。彼らは死んでもまた生まれてきて苦しむ輪廻から、なんとか解脱して天国へ生まれたいと願ったんです。彼らは魂の永遠を信じていたんです。その永遠の魂を、アートマン（我）

と言ったんですけど、すべてのものに我《が》という永遠不滅のものがあるとね。だから死んだら火葬にする。するとアートマンが煙に乗って月に行く。

月の所に二つの道があってね、一つは神への道、一つは祖霊の道、つまり祖先の辿った道に分かれるんですね。生きている間によほど修行しておかんと、神の道へは行けない。「二道五火説」と言って、普通の人間は、煙に乗ってお月さんに行ってから、また雨に乗って落ちてきて、大地に吸われて、五穀の中に入って、地上に出てくる。それを動物の雄が食べてメスの身体に移って、子供として生まれて来るんです。これを輪廻と言う。

神の道に行けるか、また地上に降りてくるかは、生前の業《ごう》つまり生前の行いによると言うんです。これはやはり肉体とは別に、魂の永遠を信じる超越論ですね。

ところでお釈迦様は、そういうインドの伝統的な形而上学を否定したんです。目に見える世界の他に超えたものがあると唱えるのを形而上学って言いますね。ブッダはそのような形而上学を否定したんです。

煙に乗って天に上ったとしても、上ったものは落ちるというのは当たり前。だから天なんかに上らないで、この地上で苦しみを脱することを求めた。これが、ブッダの教えのオリジナリティなんです。だから仏教はインドにおれないようになった。伝統的なバラモン教に反対したから、仏教はインドで滅びたんです。

ここに仏教独特の基本的な反超越主義があるんです。どこまでも現実世界の苦しみの世界の中で苦しみを脱する、これが仏教のいわゆる内在的超越なんです。だから苦しみから逃げようというのは間違いなんですね。そうすると越前先生の仰しゃっていたこととどうなるんかなあ。超越というけど、皆がもうすでに神だと、さっき言われたんだけど。

越前　そうです。

西村　これを言うと仏教になってしまいますよ。どこまでも神さまを天上に置かんと。

越前　むろん皆がすべてが神であり、神の現れであると、私は信じていますが、三位一体のパーソナルな神と、私という人格（ペルソナ）は違います。神と人をごちゃまぜにしているわけではありません。明確に区別しています。けれども、天地万物が神の創造の結果、生じたものならば、ある意味で、万物は神の表現、顕現とも言えるのではないでしょうか。ですから、万物は「神の中に生き、動き、存在している」（使徒言行録17：28）わけで、ある意味でみな神的と言えるのではないでしょうか。

私の学んだスコラ哲学とか、スコラ神学とかは、ギリシャ思想の影響を強く受けていますが、キリスト教の核心にあたるキリストの福音は、極めてユダヤ教的な思想なのです。けれども、ヨーロッパのキリスト教の哲学は、ギリシャ思想やローマの思想を強く受けているので、非常に実体論的な主知主義になっていったと思うんです。

西村　神父さんは、それがいけないと言うのでしょう。

越前　そうは言いませんが、仏教の縁起《えんぎ》思想などは、実体論を否定するんでしょう。少しは独学で仏教の書物をよく読んだのですが、無とか空というのは、実体化や執着を否定することでしょう。禅キ懇なんかに参加しておられる仏教の先生方も、よく仰しゃるんじゃないですか。

西村　そりゃ神父さん、仏教の悪い影響を受けてるんじゃないの。

越前　もちろん仏教の影響も受けていますよ。仏教の本も愛読していますから。

西村　それはいけませんぞ。神父さんなのに。饅頭屋の奥さんが酒屋の本を読んでいるようなもんでしょう。いやあ、越前神父さんは自由奔放。まるでこだわってない。禅キ懇のときでも。とんでもないこと仰しゃるんだから。我々なりに持っているキリスト教の常識を粉砕するような。

越前　だからね、言葉は簡単で皆んな救われているんだけど、救われている理由に気づいている人なんかごく僅かでしょう。

西村　そこが問題やなあ。

越前　そこが問題なんですよ。だから、気づかせるための方法として、宗教があると思うんですが、宗教が無くても気づいている人も、結構いるわけです。だから宗教がなければならないとも思いませんね。

西村　でも、みな知らなくっても神の子だって、言ってるじゃないの。

越前　でも、神の子がどういうことかということが分かっている人は、ごく僅かだと思いますよ。この七十億の人類の中で。

西村　分からなくても神の子なんでしょう。

越前　存在論的に人が神の子であるとしても、それを意識的に知り、信じ、そうなっていこうと努めなければ、宝の持ち腐れみたいで、何にもならないでしょう。あなたが人間であることを分からなくても、人間でしょう。

でも人間とは何かを本当に悟るためには、より人間らしく生き、成長し、それによってますます人間らしくなっていこうと決意し、そう努力していかなければならないでしょう。自己を真摯に探求していくとき、おのずと己れが神と一つであることを経験するのではないでしょうか。それが究極の安心であり、救いではないでしょうか。自分は何者だろうとか。

西村　それはあるんですけど、自分というものを、そういうふうに追及すると、本当の意味でキリスト教から離れるんではないの。それは神秘主義じゃないの。

越前　いや、これは神秘主義ではなくて、開かれた宗教と言ったほうがよいかも知れません。

西村　ＳＪハウス（イエズス会の神父たちの住居）の中でも、そんなこと言っていいの。ミサのときでもよく感じることだけど。あなたはコチコチの神父でないでしょう。私でさえ、それでいいのかなあと思うくらい。

越前　私自身はそう思ってはいません。一種の霊性体験と言えばよいかも知れません。あるいは、信仰体験と言ってもいいでしょう。キリスト教のドグマ（教義）のことではなくて、各人のキリスト信仰の経験を宣《の》べているわけですから。

西村　お互いの違いが明確であることが、相手を知り自己を知ることになるから、なるべく違っていて欲しいんですな。

越前　西村先生も同じところを目指しているんじゃない？

西村　いや、目指してへん。

越前　目指してないということは、先生は今のままがいいんだ。

西村　今のままでいいとも思ってない。

越前　富士山の話は、譬えであってね、私は自分が本当に何者であるかということを、悟りたいわけですよ。概念的には、神が私であり、私が神である、と思いますけど、それは神秘体験ではないです。知識に過ぎません。神を体験的に知るとき、それを神秘主義と言うんです。しかし、それは自力で得られるものではないと、カトリックでは教えています。神からのまったき恩寵である、と教えています。

西村　そうでしょ。自分が何者か知りたいというのは、非常に自己中心的でしょう、あなたの考えによれば。それは普通の人が好むことでしょう。その人間のよこしまな考えで自分を知りたいとすると、神さまは怒らへんのですか。そこが神秘主義的だと言って。
越前　なんで神秘主義なのよ、私は神秘主義者ではない。
西村　教会にはそういう考えに対する批判はないのですか。汎神論でさえ異端だったんじゃない。
越前　それは昔の話であって、現代の教会では異端などとは言わない。
西村　言うておれないわなあ、そんなこと。
越前　特に教皇はイエズス会の神父だから。教皇フランシスコは年齢も私より二歳若いだけで、われわれと、だいたい同じ年代でしょう。考え方も似ています。われわれは第二バチカン公会議の頃に神父になったのですから。

◆宗教対話への期待

西村　いや、僕は越前神父にだけ絡んでいるんじゃないのよ。人間にはいろいろ考えがあるから、一つの考えをすることはない、違っていいんだとね。私ね、ここずっといろんな宗教対話に参加してきました。ところがね、皆んな「うんだ」「うんだ」とお互いを嘗《な》め合っている。その通りだ、その通りだと。そして握手して仲良くしているように見える。嘘ですよ。私は嘘だと思っている。現代は宗教対話の時代だから、お互いに「そりゃ素晴らしいですね」とか「なるほどね」とか言って、互いに嘗め合っているんじゃない？　キリスト教も仏教の側も。私はそんなの絶対反対や。

よく聴く話だけど。ここに「真理」の樹があって、熟したリンゴが成っている。どれもこれもフルーツフルなリンゴばかりだと。「仏教」というリンゴも、「キリスト教」というリンゴも素晴らしいと言って、お互いが褒め合っているわけ。私はこんなの絶対反対やなあ。皆んなこうして自分も完全だと言っているわけ。自分の宗教を完全なものとね。それで、お互いに握手している。

私は違う。ちょっと例を変えますと山です。仏教は私が小さいときからひたすらずっと歩いて登ってきた道です。今ここまで登ってきたら、向こう側からキリスト教の道を越前神父が登ってきたんです。そして出会ったんです。いい人に出会った。私は一生懸命自分の道を登ってきたけど、こちら側の道から見える景色しか知らない。そこで向こう側はどんな景色ですかって尋ねたいんです。つまり自分の知らない部分を知りたい、というのが、私の対話に掛ける期待なんです。

つまり、仏教だとか禅とか言っていても、それはまだ半分でしかないと思ってる。だからクリスチャンの話をもっと聞きたいと思ってるんです。だから私は前に、『キリスト者と歩いた禅の道』なんて本を書いたんです。正直言って、「私の禅」はキリスト者と出会ってなかったらあり得なかったんですよ。そういう認識です。自分の知らないことを、もっと教えてほしいと思っているんです。だから越前さんのように、あまり仏教に近づかれたら困るの。宗教対話というのは、お互いに持っている欠如の部分を補い合うもんやと思っている。

越前　かつては宗教対話というと、教相判釈みたいに、どっちが優れているかというような議論になっていたでしょう。

西村　そうや。それがやがて戦争になったんや。

越前　そういった議論は、人間的にも宗教的にも、あまり実りあるものではないと。そういう議論はしないで、お互いが言っていることを、そのまま、あるがままに理解しましょう、ということになったんですよ。

これはエキュメニカル（普遍主義）なもので、だからあなたの宗教もこちらの宗教もいいですね、というふうに。昔は宗教対話をするときには、あなたは禅でなくてカトリックにならないとダメだよ、禅だと地獄に行くよというふうにやりたかったわけですよ。大昔はね。でもそういうことじゃないと思うんですよ、どう考えたって。

西村　今でも対話は結構盛んだけど、自己反省というものが無い。それが残念です。だからうっかりすると戦争になる。自分は半分でしかない、人間としても、宗教者としても半分でしかない、と思わないといかんね。

越前　僕は日本人だから、自分の宗教は半分でも三分の一でもいいと思うんだけど、宣教師たちはそうは思ってないよ。

西村　そりゃそうでしょう。そうでなかったら宣教にならん。相手を批判していかなきゃならんから。

越前　そうでなかったら、日本にやって来るはずもないよね。

西村　だからね、宣教師ほど反逆的というか、攻撃的というか。

越前　やっぱり私たちは、いかに「禅とキリスト教懇談会」の影響を受けているかですね。

西村　だいたい、あなたはいかん。仏教について理解出来すぎるから。もっとコチコチのクリスチャンが入ってこないと面白くない。

越前　コチコチの人なら面白いでしょうね。だけどね、西村先生は謙虚でね、仏教のことは多少分かるけど、そちらのことは分からないから、もっと教えてくれと仰しゃる。こっちも同じで、こっちのことは分かるけど、そっちのことは分からないって気持ちから、仏教の本を読んだり、お話を聞いたりして、面白いなって思って、その感化を受けているので、私もキリスト教でなければならないなんて思いませんよ。

でも私自身はカトリックのイエズス会の神父として死にますよ。自分で決めた道だからね。でも他の人もそうでなければならないとは思わない。そしてこの道だけが真理を悟る道というわけではない。それは人によって違うと思う。私なんかはまだまだ悟ってはいないですからね。

Ⅲ　坐禅と祈り

◆デカルトの「われ」

西村　坐禅という字を座禅と書く人が多いんですが、「座」というのは場所を表す名詞なんですよ。座布団とか銀座とか座敷とかね。あれはタレを付けたらいけない、当用漢字の座にはみなタレがついているけど。タレを取ると坐で、土の上に人が向かい合って坐っている形、大地の上に自分が自己と向き合っている姿、これが坐禅の坐ということになります。自分を見つめるということですね。

ところであの近世哲学の祖と言われるデカルトが、「われ思う、ゆえにわれあり」と言ってね、自己の内容を「コギト」、つまり意識に限定してしまった。人間の本質は意識だと言って、自己以外の周りの世界から心を引き抜いて、それらは「物」に過ぎないとしてしまった。中世には世界は神さまの創造されたものだから、花も本も眼鏡も、みな神さまの被造物だった。

ところがデカルトは、「われ思う、ゆえにわれあり」と宣言して、意識を持たない物の世界と対立する、「近世的自我」を確立したんですね。

すべての物を疑って疑って、疑い尽くすと、ただ一つどうしても疑うことの出来ないものが残る。それが「疑う」っていうこと、これだけは対象化出来ない。私の内容は「疑う」という意識だけであって、「意識される側」つまり眼に見える世界は物の世界で心はない。そんなふうにして、思惟するもの（res cogitans）と、延長するもの（res extensa）つまり広がりだけを持って心の無いものとに分けたんです。これがデカルトの物心二元論というものでしょう。

それまでは神さまの作り物であったこの私の身体さえ、この指でさえ、私がこれを対象的に見ることが出来る限り、それは物に過ぎない。だから近世になって医学というものが発達したんですよね。神の被造物に、平気でメスを入れ始めた。

こうしてデカルトはいわゆる「近世的自我」というものを確立したんだけど、仏教から言うと、「お前さんそれで自分が分かっているの、デカルトさん」と言いたいね。

私らはね、「あんたは誰ですか」って言われると、「私は滋賀県の西村っていうものです」とか、身長はいくらで体重はどうでとか、いっぱい自己紹介しますね。困った人間ですよなんて、いっぱい自分を説明しますね。しかしそれは、あなたそのものではない。あなたが知っている自分や。つまりあなたは自分の外に出て、意識を通して自分を観察して分かっているだけ。でもね、よく考えると自分そのものは、知ることは出来ないのですね。絶対に分からないものですよ。

◆本当の自分に出逢う

中国で禅宗を開いた達磨さんが、六世紀の初めに中国にやって来たとき、時の皇帝だった梁《りょう》の武帝《ぶてい》が、「朕《ちん》に対するものは誰《た》ぞ」（前に立っているあなたは誰ですか）と尋ねた。すると達磨は、「不識《ふしき》」（知りません）と答えたんです。この話は、『碧巌録《へきがんろく》』という禅僧のエピソードを百則《そく》集めた語録の第一則に出ています。

そりゃそうやわね、自分の外に出ないと自分が見えんもの。けど、自分の外に出てしまったらもう自分でない。意識を通して見たものは、意識的自己ですわ。だから禅宗では本当の自分を分からせるために、すぐに棒でバチンと叩いたり、鼻を捻《ひね》りあげたりするわけです。いわゆるボディショックというやつで、自分を分からせるわけですなあ。

本当の自分はどんなものですかと訊ねに行っても、「うるさい、来るな」って門を閉めるだけ。何遍行っても断られる。それでも行く。最後に飛び込み作戦をやって、「いかなるか父母《ぶも》未生《み しょう》以前《いぜん》、本来の面目《めんもく》」（お父さんもお母さんも、まだ生まれてくる前からある本当の自分ってどういうものですか）って言って門に飛び込んだら、老師がバーンって門を閉めたんです。その瞬間に門に脚が挟まってポキンと折れたんです。これ「雲門折脚《うんもんせっきゃく》」という有名な禅の問題になっているんです。「雲門折脚」というのは、雲門文偃《ぶんえん》という人が足を折った話ということです。

雲門はその時、真実の自己が分かった。皆さんご存知のように、こんな話はいっぱいあります。「香厳撃竹《きょうげんげきちく》」という話も有名ですね。香厳という禅僧は、真実の自己とは何かということに思い悩んだ。師に問うても教えてくれない。本を読んでもどこにも書いてないので、泣く泣く山を下りて行ったんですけど、ある時お墓の掃除をしていて竹に石が当たって、カチーンと音がした。その音を聞いて本当の自分が分かったというのです。

ゴミを集めてそれを藪《やぶ》へ捨てようとしたら、カチンと音がした。その時、にわかに失笑す。ニヤッと笑ったと書いてあるんです。香厳がニヤッと笑った、というのが大事なところですね。地震の起こる予震みたいなものです。

また霊雲《れいうん》という人は桃の花が朝日に輝いているのを見て、バッと悟った。これを「霊雲桃花」って言うんですけど、霊雲という人が桃の花で悟ったとね。曹洞宗を開いた中国の洞山良价《とうざんりょうかい》という人も、川を渡るとき、水面に写った自分の影を見て悟っています。

これが禅で言う「己事究明」です。自己を追求するんですけどね、デカルトみたいに自己を意識としたんではダメですね。真の自己は意識を超えたところにあるんですね。達磨は、あなたは誰ですかと梁の武帝に聞かれて、「不識」（知らん）って答えた。よく表具店の看板の達磨の上に、不識って書いてある、あれです。

自分というものは知ることが出来ないのが本当であって、俺がこういう人間だと説明出来るのは、対象化されてしまった意識的自己です。それ以前に、もっと大事な自己がある。それは他人と分け合うことの出来ない自分です。たとえば「私」という言葉なんかね、「私はね」、「私もね」なんて、そんな「私」って何ですか。文字で書ける抽象的な言葉に過ぎない。本当の私はこの肉体です。この肉の塊がお母さんから生まれてきたんです。

それが老人になってくると、だんだん惚《ぼ》けて、今度は意識がすっ飛んで肉体だけになって、棺桶に入れてもらう。始めから終わりまであるのはこれくらいの肉の塊ですよ。これが本当の自分じゃないですか。

私ってどういう人間なのだろうとか反省するときは、自分から外に出て自分を客観視しているのでしょう。意識を通して知っている自分はしょせん意識的自己ですから、いくら説明してもそれは本当の自分ではない。本当のあなたは、どうしても説明出来ません。知らないのがあなたです。さア、そういう真実の自己を掴《つか》むのが坐禅なんです。だからじっと坐ってその意識というやつを無くするんです。

若いとき、十字架の聖ヨハネ著・奥村一郎訳の『カルメル山登攀』を読んだことがあるんですけど、その中に「魂の暗夜」というのがあり、私はそれを坐禅における「大死一番」とを比較して論文を書きました。浄光の段階があって、最後に神との合一に至るのですが、その前に「魂の闇夜」を通らなければならない。魂の暗夜ですから真っ暗がり。私はそれが坐禅の場合だと、やがて自己も無くなる、大死一番のことだと思ったんです。

そこまで行くとね、自分っていうものが無くなるんですよ。坐っている布団も自分も、周りの世界も何も無くなる。これを「大疑団」と言ったり「大死一番」と言ったりするんです。一遍、日常の自分に死ねっていうことです。それには坐禅三昧になるのが一番いいんです。一生懸命に畑仕事をしとってもね、あの自分を忘れるときってありますけど、仕事に打ち込んでも、一心不乱にやるとそうなりますが、大死一番せよ、一遍、死ねってことです。

この死ぬってことは生きるとか死ぬとかいう死ではなく、「大死」です。「大」という字が曲者《くせもの》ですよ。普通の死ぬってことではない。生きるとか死ぬとかいう相対二元を超えるってこと。生きているのか、死んでいるのか分からんような、ボヤーっとした状態。顔もお能の面みたいにならんといかんのです。活き活きしておったらダメです。無意識になるまで夜も寝ずにずーっと坐禅を続けていると、顔の表情も無くなるんです。

歩いておっても、ドーンと壁に突き当たったりしてね。ご飯食べるときなど箸もってボヤーっとしている。それが一寸したショックで、白隠禅師みたいにコオロギの声を聴いただけで、バーンと破裂するんです。「大疑の下に大悟あり」。大きな悟りというものは、疑いがあってこそある。

この疑いを作り出すのが坐禅なんです。

まあそういうわけで、坐禅して何するのかというと、自分というのが茫然自失するまで忘我の状態になってね、生まれるまでのお母ちゃんのお腹に入っていくような、真っ暗がりのところへ一遍、行くんですよ。そして改めて世界に戻るんです。

いろんなもの、たとえば薔薇《ばら》とか松とか、これらは子供の頃から見慣れてきたものですから、頭でよく知っています。だからこれは松でなければならない、これは薔薇でなきゃならんですね。

でも本当はこれは薔薇じゃない。これは「これ」なんですよ。この白い「これ」は、世界中にたった一つの「これ」。今この花弁をピッと取ったら大変傷つく「これ」。それを軽率にも私たちは、ただ抽象的にバラとして認識しているだけ。赤いバラなんてものはどこにもありはしない。ここにコップがあります、このコップとというのは落ちたらバーンと割れますね。「これ」が割れても、「コップ」という名前は割れませんね。コップというのは私たちが持ってる抽象概念で、本当のコップではない。あなたは人間でも、男でも、日本人でもない。あなたは、あなたです。

「私は」なんてって頑張っているけど、「私」なんてどこにもありません。私というのはポンと叩かれて、「あっ、痛い」と反応すること、これは他人と共有することの出来ない「痛い！」ですね。

そういうふうにね、一遍、真っ暗闇の大疑団になって、もう一遍この世を生まれ直すんです。

神秘主義で「再生」とか言ってませんか。そこで初めて本当に、山は山、水は水、柳は緑、花は紅ってことが分かるんでしょうね。

　太郎は太郎、花子は花子だったってことがはっきりする。今まであったこの自分とか周りの自然に改めてビックリする、これが悟りなのでしょう。

◆祈りについて

越前　西村先生は坐禅について、深いお話をなさいましたので、私はカトリックの立場から、「祈り」について少しお話をさせて下さい。

まあ、「祈り」についてもいろいろな説明の仕方があると思いますけど、一般的なキリスト教の祈りというもの、まあ定義というほどじゃないですけど、祈りというのは神さまとの交わり、対話、コミュニケーションです。というのが、だいたいキリスト教の一般的な定義ですね。

　そういうことで、問題は、神さまとコミュニケーションするとはどういうことかというと、これは難しい実際上の問題になるんですけど、ただ理屈で言えば、そういうふうに神さまと私。この神さまという場合には、先ほど西村先生も言われましたけど、父と子と聖霊の三位一体の神さまのことです。

その神さまのことについては、あとで出ると思いますけど、三位一体の神さまと言うときには、キリスト教の場合は父なる神と、子である神と、聖霊である神、これは唯一の神さまなんですが、神格つまり位格、ギリシャ語でヒポスタシス、ラテン語で言えばペルソナ、そのペルソナが違うんです。

だからそのペルソナを表すために父、子、聖霊というふうに教会は名付けているわけですが、意外とこの三位一体の神さまのことに関して分かり易く書かれているような本は、あるようで無い、と私は思っていますけど、父と子と聖霊の神さまは、別々の神さまではないかと思います。だからある意味で、誤解が無いように受け止めて欲しいのですが、私によれば、キリスト教の神観は一神教であるように見えて、実は多神教的ではないかと思うんです。たとえば、人がたくさんいて、みな人間ですが、人格はみな一人ひとり違うし、多数いるでしょう。それみたいに、神は、唯一の神性がある唯一の神ですが、神格（ペルソナ）は父と子と聖霊と三つあるのです。ですから、キリスト教が信じる神は、三位一体の神なのです。一であると同時に多。一即多と言ってもいいのではないでしょうか。父なる神と、子である神と、聖霊である神は違います。

西村　へー、そうですか。

越前　違うということは、ペルソナが違うんです。つまり私と西村先生とでは、個性が違うように違うのです。

西村　そんなに違うんですか。

越前　違いますよ。だから、子である神が、人間を救うために、救い主になりましたと言ってるときに、その第二のペルソナが人になったのであって、だから、神人キリストと言うんです。神であり人であるのは、イエスだけですよ。父でもなく聖霊でもない。

西村　それは、神さまとは違うんですか。

越前　神さまですよ。神さまですけど人にもなったわけですよ。

西村　なったけど、神さまと父と子は違うんですね。ペルソナが違うんですね。

越前　ペルソナが違う。本性は一つです。神性ですから。だから三位一体で、三位一体と言うときには、その本性が一つ、ペルソナは三つということです。ペルソナというのは、知恵と自由意志の主体だと、哲学的に言ってもよいと思います。ですから、祈りというのは、神との対話なのです。

西村　でも、あのぉー。

越前　分かり易く言うと、顔と手と。

西村　うん、違いますね。

越前　それから足は違うじゃないですか、そのようにね。

西村　分かりにくいのは、聖霊が何でペルソナを持つんですか。

越前　聖霊が何でペルソナを持つかって、そこで西方カトリックの偉大な神学者アウグスチヌスが、父なる神はまさに神さまですね。

西村　うんうん。

越前　それが自分を愛する。愛するためには対象が必要でしょう。

西村　うん。

越前　これはアウグスチヌスの神学的な説明ですよ。自分を見て、なんて素晴らしいんだろうって思ったときに、それが子を生んだんです。だからなんて言ったらいいかな、ちょっと抽象的になりますが、存在そのものは、神さまなんだけど、神さまがご自分を認識したときに、それは子なる神、つまり神の自己認識です。

西村　へー、なるほど。神の自己認識が子ですか。

越前　神の自己認識に対して自己愛があるでしょう。自分をなんて素晴らしいんだろうって愛する。これが聖霊です。

西村　ああー。分かり易いですね。

越前　と説明しているのがアウグスチヌスという偉大な神学者です。彼の『三位一体論』という大著で説かれている。人間に譬《たと》えれば、彼は記憶と知性と意志だと言ったりしていますけど、とにかく三つで一つなのです。

西村　うん、うん。

越前　それは唯一の神さまですけど、三つのペルソナがある。それが三位一体で、そしてもう一つのことは、そのペルソナ、神格と書くでしょう。そこにコミュニケーションがあるじゃないですか。たとえば私と西村先生と別々のペルソナでしょう。同じ人間ですけど。

西村　はい。

越前　コミュニケーションというのは、お互いの相互理解じゃないですか。同時に相互愛じゃないですか。

西村　はい。

越前　同時にあなたにあげるものがある、あなたから貰うものがあるという、相互授受のような関係があるじゃないですか。そういうことがあるから、それを人間は神さまの「似像」だと言うんです。

西村　似像か。

越前　似像、つまり人は神の似像。だから似像だから神さまの姿、かたどりにかたどって人間を造られたと「創世記」の1章にありますけど、人間と神さまとの間にもコミュニケーション、つまり我と汝みたいな関係があり得るでしょう。

西村　そりゃそうだ。

越前　そこから祈りが出てくるのですよ。ペルソナですから。だから、あなたと私は飽《あ》くまでも永遠に違うわけよ。天国に行ったら、あなたと私が、一緒になっちゃうわけじゃないんだから。だから、天国へ行っても、西村先生は西村先生、まあ、それがどういう状態であるかってことは別にして、だから、そういう関係の中で、そのぉ、なんて言いましょうか。キリスト教会が教えていることは、我々人間は神さまの被造物であるから、神さまを敬い、神さまを讃え、そして神さまを信頼し、そしてお願い事もする。そして悪い事をしたら神さま赦して下さいと痛悔する。そういうことが祈りだ、と言うわけですよ。そうでしょう。

西村　うーん。

越前　つまり、あなたと私の関係だから、こういうことが、祈りですってことです。これが祈りについての基本的なことで、あとは祈りの様態とか、祈る方法とか、いろいろありますが。たとえば、口祷は言葉で祈ることですね。「天におられる私たちの父よ、み名が聖とされますように。み国が来ますように。みこころが天に行われる通り、地にも行われますように。私たちの日ごとの糧を今日もお与え下さい。私たちの罪をお赦し下さい。私たちも人を赦します。私たちを誘惑におちいらせず、悪からお救い下さい」という、主キリストが教えて下さった「主の祈り」とか。その他、念祷というのがある。思念を捨て、感情で感じると言ったほうがいいでしょうか。理性による黙想は、得てして思念になるのです。私は長いことこうした祈り方をしてきたので、嫌というほど経験していますが、神との対話、交わりとしての祈りは、直観や感情でするものなのです。思念は邪魔になる。ですから、瞑想のときは、ただ心を静かにし、平安にして坐っているだけなのです。「感情は魂の声」と言われます。魂の声というのは、神の言葉と言ってもいいでしょう。一種のインスピレーションです。それを受けたら、日常生活の中でそれを素直に実行したらよい。すべてがうまくゆくでしょう。カトリックの瞑想、あるいは黙想というのは、こうした神の霊感に応えて、賛美、感謝、悔悛、祈願をすることなのです。

ですから、カトリック教会は、坐禅も一つの祈りの方法として取り入れているのです。静かに黙って坐るっていうのは、素晴らしいことではないでしょうか。

西村　ふーん。

越前　もう一度繰り返しますが、キリスト教の祈りは、どういう方法や形態であろうと、パーソナルな神とコミュニケーションをすることなんです。それは頭や理性では出来ない。私は、哲学の出身でもありますから、ルネ・デカルトの Cogito ergo sum.（コギト・エルゴ・スム）「我思うゆえに我あり」といった理性至上主義は好きですよ。しかし、パーソナルな神と交わるためには、理性、いわゆる分別は邪魔なのです。理性というのは、人間がこの世でいかに生きていくかの問題を解決するために与えられている能力であって、あの世、つまり霊界とか神界のことを理解したり、対応したりするためには、心（ハート）というか感情でするのです。むろん、それには感覚や身体も重要な手段になりますが。

そうすると、神さまが人間に語りかけるときには、魂を通してはたらきかけておられるのです。精神と身体は、その道具に過ぎません。神さまはいつも魂に語りかけておられるわけです。しかし、人間の方が神の声を聞こうとしない。そこに苦の一因があると私は思っています。もう一つ、神の声を聴くためには、心は静かで平安でなければなりません。そのために、坐禅のような瞑想は、非常に役に立つと思っています。

魂が私というときには、少し難しい神学的な話になりますが、まず大前提として、神は存在そのものですから（出エジプト記3：14参照）、すべてである。被造物と言われる天地万物はみな、神の顕現であると言えるでしょう。

人間は「神の似像」として顕現していますが、霊魂と精神（心）と身体の三位一体的な構造をもって存在し、生きている。人の本質は神と言ってもよい。霊魂は私という人格の核心で、不滅です。精神と身体はその手段・道具・機能と言ってもいいでしょう。私というのは、自己意識と言ってもいいのではないでしょうか。精神や身体は私ではない。ですから、それは実体的なものではないでしょう。繰り返しますが、魂の本質は神さまだと思っていますから、先ほど人間はみな神だと言ったんです。けれども他の人は必ずしもそう思っているわけではないでしょうけど。

西村　人間はみな神さまですか。

越前　神さまの声を何に依って知るかというと、先ほども申し上げたように、魂の声で知るのです。魂は感情を通して私たちに語りかけている。私も感情を通して、魂にいらっしゃる神に語りかけている。感情といえば、たとえば愛とか、喜びとか、安らぎとか、自由とかがあるでしょう。だから理性に頼らないという意味で、仏教が言う「無念無想」とか「無我無心」とかは、霊性に通じるものがあると思います。

その意味で、禅宗の坐禅なんかと通じるところがあると思うんです。まあ、かいつまんでエッセンスだけ申し上げれば、そういうことです。

西村　私らの理解では、祈りと聞くと、一方的に人が神に祈るように思っていますけど。

越前　そうですか。

西村　神さまも人間に祈ってるんですか。

越前　神さまが人間に祈るということはないでしょう。そうではなくて、神さまがどんな人間にも語りかけておられるということです。

西村　語りかけているのですか。

越前　そう。

西村　ほー、それじゃ、語りかけてくるんだったら、人間は黙って聴いておりゃいいんですね。

越前　だから、それを瞑想って言うんですよ。

西村　黙って聴くことを「祈り」って言っても、何か祈りの言葉があったりするじゃないですか。

越前　言葉で祈ることはもちろんありますよ。けれども、それは祈りの一つの方法ですね。でもそうじゃなくて、祈りというのはコミュニケーション（意識的な交わり）だから。

西村　祈らなくても語りかけてくれるんですか。

越前　もちろんそういうこともあるでしょう。だから、祈らなければ、神さまはお恵みを与えて下さらない、ということはありません。祈らなくても、神は限りなく豊かな恵みを人々に与えておられます。しかも、神は祈る前から、人々に恵みを与えておられます。

西村　そんならこの私は神に祈ったりしていませんが、私にも神さまは語りかけておられるんですか。

越前　語りかけておられるでしょう。あれほどお酒を飲んでも平気でいられるんですから、大したもんじゃないですか。

西村　ちょっと待ってよ。うっかり酒も飲めんなあ。でも、ほんとは分からんから聞いてるんですよ。

越前　もちろん。

西村　仏教徒から見ると、キリスト教徒は皆んな上を向いて祈っているって思うんですよ。

越前　もちろん、そういう場合が多いと思いますよ。神をイメージするときは、天を仰ぐでしょう。
西村　一方的に人間から祈ってると思ってたのに、神さまが語りかけておられるんですか。
越前　それはそうですよ。西村先生にも語りかけておられます。なぜなら、神さまはあなたを愛していらっしゃるから。
西村　へー、そんなこと言ってないですよ。
越前　言ってない？　あなたが聞こうとしないからでしょう。そういう話ですよ。
西村　うーん。
越前　だから、それをどうやって聞くかっていうことで、感情で聴くんです。私にはたとえば感情というのがありますね。理性じゃないですよ。
西村　理性じゃないの。
越前　要するに理屈じゃないんですよ。
西村　うーん。
越前　だからそれは禅宗が教えてるじゃないですか。「はからい」は分別で、迷いだと。
西村　突拍子もないことだけど、たとえば遠藤周作の「沈黙」という意味はどういうことですか。状況によって神は黙ったりされるんですか。

越前　遠藤は作家だからさ、小説家として「沈黙」って言っただけの話でしょう。キリシタン時代に、約二百五十年間も、キリシタンは邪宗門として迫害されたでしょうか。なぜ、迫害があるかというと、よく分かりませんが、人類に対する試練ではないでしょうか。キリストも十字架に架けられました。その時、十字架上から、「わが主よ、わが神よ、なぜ私をお見捨てになりましたか」と叫ばれたのではないでしょうか。教会が教えていますが、神はなぜ悪をお許しになるかというと、その悪からより大きな善を創造されるからですと。

西村　ちょっと今の分からん話やなあ先生。それではあまり説得力ないでしょう。

越前　そうかも知れません。

西村　日本人には是非ね、奥村一郎神父の『祈り』って本がありますね。あんなにしてわざわざ本にせにゃならんほど、祈りの内容は深いと思いますけど、ちょっと分かりませんなあ。祈りというのは、どうぞお助け下さいと人間が神さまに祈ることだということは分かる。

越前　それも一つの祈りでしょう。重要なことは、神さまにお願いをすることですから。

西村　お願いすることなら分かる。

越前　だから皆さん神社に行ったり、お寺さんに行ったり、教会に行ったりするでしょう。

西村　そうです。

越前　それも祈りだけど、それだけじゃない。神さまと私とのコミュニケーションだから、神さまも私に語りかけられる。私は人形やロボットじゃなくて人間なんです。つまり神の似像ですから、私も神さまを認識し、呼びかけ、神さまを愛して、神さまのために何かやろうとする、そういう関係ですよ。

だからそれは、難しいと言えば難しいかも知れませんよ。でも、それがほんとの祈りだと思いますよ。日本の仏教とキリスト教の一番違うところは、仏教は神さまの存在を認めないからね。キリスト教は神さまを信じているから。

西村　信仰か不信仰かはそこで決まるもんね。神さまを認めるか認めないかで。

越前　そうですよ。

西村　そうでしょう。

越前　だから、神さまを認めるからといっても、ここにポーンと神さまがいるって思ってもいいし、そうじゃなくて西村先生の中に神がいるんだと言ってもいい。

西村　ほーら、また東洋的なことを。神さまがこんなところに入って来ていいの。

越前　いいよ。全く構わないですよ。神はすべてなんです。すべてに神は浸透しているし、万物は神に包摂《ほうせつ》されている。ある意味で、万物は万物それぞれの特質をもったままで、それなりに創造主である神を表現しているんです。

西村　それは神秘主義と違いますか。

越前　神秘主義であってもいいじゃないですか。神秘主義もカトリックの内にありますから。
西村　そうやるでしょう。私は神秘主義というのは異端じゃないかと思ってます。
越前　プロテスタントならどうか分かりませんけど。

◆神の子と原罪

西村　そりゃね、越前神父の堂々とした信仰告白でしょう。神父なら何も遠慮することはないんでしょうが。今思い出しましたがね。浄土真宗でね、ナムアミダブツという念仏の声は阿弥陀さんの呼び声やって言うてますね。こちらにはナムアミダブツなんどと言う力もないんだと。阿弥陀さんがあなたの口を借りて、称《とな》えておられるんだと、こう徹底的ですね。
越前　いいじゃないですか。
西村　キリスト教の方もそういう感じですか。
越前　そういう感じではないですね。人間がいくら悪業をしたからといって、自由意志を持った人格であることは変わらない。自由な決断をもって、神の呼びかけに応答するのです。それが信仰であり、祈りなんです。
　人間は神の被造物であっても、神は人間の自由な選択に干渉なさらない。もし干渉されるなら、それは神が人間を不完全な作品として創ったことになるのではないでしょうか。
西村　あのー、人間に祈る力ってありますか。
越前　ありますよ。
西村　へー。罪びとにそんな力があるんですか。
越前　もちろんありますよ。だから、罪びとを意識させたのは、カトリックの原罪物語かも知れませんが、人間は本来罪びとでも悪人でもないと、私は考えています。先ほども申し上げたように、人間は本来神の似像であり、神の子なんです。罪というのは人が自由に神から離れようとする決意ですから。
西村　やっぱり、あなたは人間を罪びとにはしようとは思わんね。
越前　思わない。「創世記」に、「神はご自分にかたどって人を創造された。神にかたどって創造された。男と女に創造された。神は彼らを祝福し……地に満てよ」ってね。そしてこの最後の所に、「見よ。それはきわめて良かった」とある。（創世記1：27・31）
西村　何が良かったんですか。
越前　きわめて良かったと、神さまはご自分がお創りになられた宇宙万物や人間などをご覧になって感嘆されたんです。なんて素晴らしいものを創ったんだろうと、むろん人間は、神の似像という最高の被造物として創造されたので、「極めて良かった」と褒められたのです。

西村　神さんが良かったって、言ってるんですか。
越前　そうですよ。「創世記」の1章の最後にあります。
西村　良かったということと、罪びとと決めつけることとが、ちょっと分からんなあ。
越前　キリスト教は、人間を罪びととは決めつけていません。ただ、「創世記」の3章にある人祖アダムとエバが、禁断の木の実を食べて、神の言いつけに背き、楽園から追放されて、この世に生まれてくるようになった。そこでは、悪と苦と死が待っていた。神はそうした人類の可哀想な状態から天国（神の国）に救うために、神の御子イエスを救い主としてこの世にお遣《つか》わすことになり、イエスは十字架の死によって、人類の罪科を赦され、神の子供として贖《あがな》い、救って下さったのです。これがキリスト教の大筋です。
西村　それまでは、人間も良かったんですか。
越前　そりゃ良かったんです。ただここの3章の、エバが禁断の木の実を食べて蛇の誘惑に負けてね。
西村　うん、食べて。
越前　そして、楽園を追われ、追放されたと。これをカトリックは、プロテスタントも、キリスト教では人間の原罪というわけです。
西村　うん、それはまあ知ってます。

越前　でも原罪というものを認めないキリスト教もあるわけですよ。
西村　そんなのあるんですか。
越前　ありますよ。
西村　へぇー、そういうことが知りたかったんです。
越前　知りたかったって。でもあんまりはっきり言わないほうがいいと思うけど、我々はその専門家じゃない。たとえば、東方カトリックなんかそうだと思います。
西村　ああ、そう。
越前　ロシア正教とか。
西村　性善説をとるの。
越前　そうですよ、性善説です、はっきり。ギリシャ正教なんかも。
西村　神の似姿と言っておきながら、一方で罪びとと言うのが分からんなあ。
越前　人間が本来、神の似像として、尊く聖なる存在であるという真実と、神の言いつけに背いて罪を犯すということは、何も矛盾しないでしょう。新約聖書にある「ルカによる福音書」の15章11節から31節までに載っている「放蕩息子《ほうとうむすこ》のたとえ」は面白いです。
　ある大金持ちに二人の兄弟がいる。ある日、弟は自分の分け前を貰って家を出て、さんざん放蕩の限りを尽くします。すっからぴんになって、空腹になり、誰か雇ってくれる人を探して豚の世話もするが、その餌さえ食べさせてもらえなかった。

そこで翻然と悟るのです。父の家には食べ物も十分にあり、雇人も皆んな幸せなのに、自分はここで飢え死にしようとしている。実家に帰って父親に謝り、家にいさせてもらおうと考えて帰るわけです。家の近くに来ると、父親が走って来て、よく帰って来たと抱擁し、召し使いたちに、最上の衣服を持ってこさせて着せ、最高のご馳走を作って歓待しよう。息子は死んでいたのに生き返ったからだと言うんです。

そこで何を言いたいかというと、放蕩息子は、父である神の家を出て、さんざん遊びほうけて、財産をすっからかんにした。それが、罪を犯したということを表しています。どん底に落ちて翻然と気づいた。これが回心でしょう。そして、実家に帰る。これがいわば信仰生活でしょう。父はよく帰って来たねと言って抱きしめます。そして、立派な衣服を着せて、歓迎の大宴会を開きます。

この物語の核心は、息子がどんなに悪いことをしていたとしても、家に帰って来たのは、同じわが息子なんです。ですから、父親は愛する放蕩の息子が帰って来たので、歓迎するわけです。父親に背いて罪を犯したとしても、息子という身分は変わらないのです。その息子が改心して帰って来たので、父は喜んだのです。神の掟に背いたから罪を犯したことにはなるが、息子の本質や身分は変わらないのです。悔い改めれば、赦されるというのは、人間社会にもあることではないでしょうか。
西村　うん。
越前　人は罪を犯すと神から離れるので、苦や災いを被《こうむ》る。けれども罪というのは、神に背く、分かりやすい言葉で言えば、自然の法則に反する、すると自業自得で悪い結果を被る。しかし、回心すればまた元のように善人になるでしょう。いずれにしろ、善業・悪業は、人の意識が招くことで、人間性という本質の善悪ということではないでしょう。
神は悪を創造されません。スコラ哲学の定義によれば、「悪とは善の欠如である」という。悪という実体は無いのです。たとえば、病気というのは、健康の欠如でしょう。だから、人間がいかなる選択をして、その結果招いたことがどんなことであれ、人間が神の似像であるという本質は、変わらないんです。
西村　罪を犯しただけですね。
越前　あなたが、するなと言った悪戯《いたずら》をして、お父さんに叱られているだけの話ですから。お父さん、すみません、悪戯をしました。それで許されるじゃないですか。それだけの話じゃないですか。
西村　罪ってそういうもんですか。
越前　そういうもんですよ。

西村　拭《ぬぐ》い難いものと違うの。
越前　何ですって。
西村　人間の罪は拭い難いものと違うの。
越前　だからさ、親鸞さんのようにさ。
西村　親鸞と似てると思ったら、違いますね。
越前　それは罪悪深重《ざいあくじんじゅう》、煩悩熾盛《ぼんのうしじょう》のどうしようもない人間。親鸞の立場はカトリックの立場ではないよ。
西村　もちろん。
越前　プロテスタントのルターはどう思っているか分かりませんけど、ルターだって多分そうじゃないですよ。人間の本性は、どうしようもなく悪くなったとは思ってませんよ。
西村　ああ、そうなんですか。
越前　ただ、何があるかというと、今まで分かっていたことが分からなくなっちゃったというだけで、分からなくなったということ。忘却や無知は、ある意味で悪の根源だと、私は考えています。
西村　それをお祈りで補っているんですか。
越前　そうです。それは人間にとって重大なことではないですか。知らなければ、どこへ行っていいかも分からないじゃないですか。
西村　神の似像ってこと盛んに仰しゃるけど、私も神の似像ですか。
越前　そうです。
西村　神の似像だったら、いいに決まってる。
越前　当たり前です。
西村　それと罪との関係が分からん。
越前　だから、前にも説明したでしょう。いろいろな見方があるでしょうが、人間を悪いと教えたのが、キリスト教の文化ですが、仏教もそうじゃないですか。
西村　それ来た。そんなこと言っていいの。
越前　人間を悪いと思わないような宗教だってあるわけですよ。ただ、忘れたっていうことはあるわけです。
西村　ああ、それをもとに取り戻す。それが祈りであり、回心。
越前　そうそう。それを考えるには、私がお話しした「放蕩息子のたとえ」話が面白いと思います。私が一番ね面白いと思うイエスの譬え話に、この放蕩息子の譬え話があるんですよ。
西村　うんうん。なるほど。
越前　それを補足します。そうすると長男が帰って来て、何でこの宴会騒ぎをしているのか、何で弟が帰って来たからといってと文句を言うわけです。すると父親は、長男に言うわけです。「お前はいつも私と一緒にいる。私の物は皆んなお前の物だ」と。これが、天国にいる聖人たちに言うことでね。だから神さまのものは全部お前のものだ。

でも次男は死んだのに生き返った。つまり父の家から離れて、放蕩息子として、さんざん遊んできたかも知れない。しかし本当に食べる物も無くて、飢えて家に戻って来たんだ。死んだと思ったのが戻って来たんだ。だから喜んでいるんだと、こう言ってるわけですよ。

西村　うん。

越前　これがキリスト教ですよ。だから、人間は罪を犯す弱い存在かも知れないが、本来、罪びとではないんです。けど、宗教がそう言うのは、宗教教団のエゴではないでしょうか。宗教教団に入信しなければ、赦されない、救われないと宣伝するのは、宗教じゃないですか。

西村　けど、仏教徒は皆んなそう思ってますよ。宣教の仕方が悪いんですね。

越前　人間は悪いものだ悪いものだと教えてきたことは、人間の文化の悪いところを言ってきたんじゃないですか。

西村　悪いところだって、神父は仰しゃるけれど、日本の仏教徒は皆んな、そう思っている。キリスト教は、人間は罪びとだと決めつけていると。本当ですよ。

越前　うん。

西村　だから、私は、そういうプラスのっていうのか、神の似像として人間は本質的には神だということ、日本の仏教徒が聞いたら、えーって言いますわ。そしたらクリスチャンもっと増えるんじゃない。

越前　増えなくてもいいよ。

西村　増えなくてもいいいって言いますけど、あなたは死んだら済みますが、日本のキリスト教はどうするのよ。無責任なこと言ったらいかんがな。越前神父と話してるとちっとも喧嘩にならんで叶わん。こちら一生懸命、喧嘩を吹っかけてるのに。

私はこの国の、あまりキリスト教を知らない人たちを代表して、つまらんことでも、知らんことを訊ねているんですよ。このまま放っておいたら、キリスト教は誤解されたままで行きますよ。

越前　その通りですね。

西村　だから増えないんですよ。クリスチャンが。

越前　そう。

西村　仏教徒が聞いていると、まるで受け入れがたいことばっかり、耳に入って来る。

◆キリスト教と親鸞

越前　クリスチャンもそう思ってるからさ、神父もそう思ってるから、どうしようもないかも知れない。ともあれ、宗教家として言うことではないけど、人間学の教員として、学生に人間の尊厳をそう説明してきましたよ。

宗教教団を盛んにするには、この宗教を信じ、選択しなければ、救われないと、いわば脅迫めいたことを宣伝することでしょう。しかし、私の良心は違う。人間である自分が本当に何者であるか知りたければ、私の講座クラスにいらっしゃい、と宣伝しているわけです。すると、ごくわずかの人しか来ませんが、真面目ですよ。これでいいと思っています。

西村　あなたはどうもオーソドックスなキリスト教と違うなあ。だいぶ仏教に毒された異端者じゃないの。

越前　さあ、どっちがオーソドックスかな。人間はもともといいものだと言ってるのに。途中から、ちょっと、迷子になったって、そういうのがほんとのキリスト教だと思ってるけどね。人間は最初から迷子だなんて、そういうのは宗教じゃないと思うよ、私は。

西村　やっぱり、あなたは日本のクリスチャンですなあ。

越前　そうですよ、そうですとも。

西村　あのね、自分のことを極悪深重《ごくあくじんじゅう》の身と言った親鸞は、だから自分の行く所は地獄一定《いちじょう》の住処《すみか》だ、死んだら私は地獄必定《ひつじょう》だって言っています。

越前　そう。

西村　自分の中に、親鸞は善きものを認めていない。自分をどうしようもない人間って思ってる。それを救ってくれるのは、弥陀の誓願あるのみだと。私には何の力もない。越前神父の場合は、自分の力で充分だと考えておられるんじゃない。

越前　いやいや、自分の力で充分とは言いませんけど、親鸞的な考え方をカトリックの神父が教えたら、これはもう教会から追い出されますよ。

西村　そうなんですか。

越前　うん。カトリックはね。

西村　うーん。そりゃ知らなかった。あのー、自分はもともとダメな人間だよと言うのと、いや、もとは丈夫だったんだけど、途中から不摂生《ふせっせい》をしたもんだから、こうして具合悪くなってしまったんだと言うのと、だいぶ違うでしょう。あなたは後者を言っておられるんでしょう。親鸞は始めからダメだという立場じゃないですか。

越前　私は親鸞さんはそうじゃないと思う。阿弥陀さんによって、救ってもらえるってことは、阿弥陀さんも可愛い我が子だと思って、救ってくれるわけじゃないですか。

西村　ただ、問題は何にもする力がないんです。親鸞の場合。

越前　そう。

西村　でも、神父さんには、祈るという力がある。

越前　当たり前ですよ。

西村　親鸞の方は、それが当たり前じゃない。

越前　あなたも坐禅してるってことは、神さまに協力してるってことじゃないですか。

西村　いやァ、私は神さまと一緒に坐禅なんかしたことありませんで。

越前　神さまなんかいない、と思ってるからね。

西村　いや、自分も無いんです。神さまも無ければね。自分も無いところまでいかないと、ほんとの自分に出会えない。自分があると思うようなことでは、絶対にダメ。

越前　はっはっは。

西村　この対談は、禅とキリスト教が一つになろうっていうことではないんで、なるべくお互いを理解をしたいわけ。それを日本の皆さんに代わって、私が質問してるわけです。今までのお話では、日本の仏教徒は喜ぶわけ。ほんならキリスト教も仏教と同じじゃなあ、となるわけね。

越前　そう。

西村　そこで、私は、ちょっと待って。それではキリスト教の独自性というのは、そんなことでいいのかなあと思ってしまうんです。今のように狭くなった世界で、やっぱりキリスト教の固有性って何かって知りたいわけ。仏教に無いキリスト教の固有性は何ですか。

越前　その前にね、西村先生、もし、人間は罪びとでもないし、自分で皆んな良いこと出来ますなんて言ったらさあ、自分が性悪な人間でなくて、もともと自分の自力でもって、いいことが出来るんだとか言ったら、まず傲慢でしょう。しかも、極端な考え方ですが、人間みな善人なら、宗教はいらないでしょう。キリスト教も仏教も。あるいはまた、教団というのは似たりよったりです、と言ったら、恐らく各教団とも、信者が増えないでしょう。福音書の中で、イエス・キリストは、私が来たのは、健康な人を招くためではなく、病人を招いて癒すためです、と言われています（マタイ9：13）。宗教があるのは、人間が悪人でもあり、罪びとでもある面を持っているからではないですか。

西村　うーん。

越前　人が罪びとだと言っているのは、教団の利益のためでもあると申し上げているのです。

西村　人が罪びとだと言うのは、教団を拡張するためなんですね。

越前　教会に来て告解《こっかい》しなければ、犯した罪は赦されませんよ、と言えば、教会に来なければならないでしょう。あたかも病人が病院に行くように。けれどももし教会に来なくても、心から悔悛すれば、赦されますよ、と言ったら、もしかしたら、誰も教会に来ないでしょう。

西村　来ない、来ない。

越前　「あなた病気だ、あなた病気ですよ、これは今、手当てしないと、もうダメですよ」ってね。「じゃ、どうしたらいいですか、先生」、「私の病院に来て手術したら助かるよ」って言われたら、来るじゃないですか。本当は来なくてもいいのにさ。そういう患者だっているでしょう。

私はキリスト教のクラスを持って五十年以上になりますが、昔は学生や若者が多かったです。その大半は何らかの悩みを抱えて私のクラスに出席したのです。しかし、そこで、信仰を持ち、祈り、悩みを解決して、ほとんど全員巣立っていきましたよ。むろん、今でも交流のある人はいますけど、もう霊的な病人ではない。

Ⅳ　悟りと見神

◆悟りを超える

西村　若いときから禅は坐禅と悟りの宗教だと教えられた。そうなると貧乏寺で、どこかに就職しなけりゃやっていけない寺の和尚では、坐禅なんかしている暇はないから、もう禅坊主としては失格です。その上、悟らないものは禅僧ではないというわけで、そんな寺に放り込まれた私は、初めから禅の脱落者だという卑屈な根性を持っていました。ところがある時、鈴木大拙先生の『禅と日本文化』という本を読んでいましたら、禅と武士道というところに面白い話が書いてあって、大いに救われたんです。

昔、サトリっていう鳥がおって、その鳥が林の中で、木樵《きこり》の仕事を邪魔するんです。木樵が業を煮やしてね、斧置いてさ、「コノヤロー、仕事の邪魔しやがって」と言って、森中サトリを追っかけてまわった。森中追いかけても、サトリは捕《つか》まらない。で、木樵は「えーい、勝手にしやがれ」ってね、元の場に来て、またトッテンカンと斧を振るってたんです。するとサトリが降りてきて、「お前、この俺が捕まえられんのか」って笑ったの。木樵がそれを無視して仕事を続けていますと、この斧の先がプーッと飛んでね、サトリの頭にガチンと当たって、サトリが死んだと言うんや。

この話読んだとき、私、眼から鱗が落ちた。サトリは追っかけても捕まらん。一生懸命一つの仕事に打ち込んでおれば、勝手にサトリ（悟り）が手に入るんやと、こういうことになってね、それで悟りを追いかけるのは止めた。

だいぶ後になって、禅とは坐禅と悟りの宗教じゃなくて、自己を追求する宗教、つまり「己事《こじ》究明《きゅうめい》の宗教」だということが分かった。ようし、それなら僕にも出来る。禅とは自分を追求することやとなったら結論は死ぬまで出ない。結論は死ぬときにはっきりする。そう思ったら、自分も禅の道を胸張って歩くことが出来るようになったんですわ。それで私は還暦を迎えた年に、『己事究明の思想と方法』という博士論文を纏《まと》めたんです。

自己を追求することにおいて人後に落ちなかったらいいんや、と自分で言い聞かせたんです。悟りなんか追っかけていたら、人生が終わってしまうとね。

高校時代にね、下村湖人という九州のある学校の校長先生が書いた本で、『凡人道、真理に生きる』っていうのを読んだんです。その中にこんな話がありました。百足《むかで》を一本の立てた竿《さお》に這わせると、百足は上に登って行って、その先まで行くと更に上を求めて、頭をくるくる回す。やがて力尽きて地に落ちたときは、百足はもう死んでいる。下にこんなに広い大地が在ることを知らん馬鹿な奴だ、こう書いてあったんです。

なるほど禅には「百尺竿頭《ひゃくしゃくかんとう》、一歩を進めよ」という言葉があります。百尺の竿の先に着いたら、もう一歩を踏み出せっていうことですね。百尺竿頭からもう一歩進めるということは、どうすることや。ここまで苦労して坐禅して坐禅して、遂に悟りを開いたとします。そこでもう一歩、さらに進めよとはどうすることやと思いますか。

そうです。せっかく登ってきた竿を、スルスルと降りることなんです。修行なんか無かったことにするんですね。苦労して悟りを開くんですが、そうして得た悟りは迷いの反対ですから相対的な悟りに過ぎない。悟りという別の迷いなんですからダメ。さらに一歩を進めよということは、それまでの量的な努力とは全く違う質的なもう一歩が大事だということです。つまり悟りなんか無かったことにする修行なんです。苦労した長年の修行もみな無かったことにする修行だと分かったんです。これを些子向上《さしこうじょう》の一著子《いちじゃくす》と言うんです。仏祖不伝《ぶっそふでん》の妙道《みょうどう》とも言います。

これを私は「悟りを超える」と言ってあちこちに書いてますけどね、要するに悟りの匂いほど嫌《いや》らしいものは無いということです。本当に偉い人を「痴聖人」と言うんです。禅の語録に『十牛図』という、禅の修行のプロセスを十枚の絵にかいて、漢詩を付けたものがありますが、その最後の「入鄽垂手《にってんすいしゅ》、第十」に、「痴聖人」という言葉が出てきます。愚かな聖人ということですね。偉さが際立って見えるようではダメだということ、子供が見ても小父さんって言って懐に頭突っ込むような人でなければならない。だけど真実を見抜いた人が見ると、ゾッと寒気がするような人、そういう人が本当だと言うんです。

悟りを求めるのが禅ですが、修行の最終はいかにして悟りの臭みを払拭《ふっしょく》するか、ここの修行が大変で、これを悟後の修行と言っているんです。とにかく禅は悟りの宗教ですけど、いかにしてこの悟りを超えるか、ここが最も大事だということが、この頃になってよく分かってきたんです。一つの例を言います。今から二百五十年前、徳川時代に白隠禅師《はくいんぜんじ》という人がいた。この人がいなかったら、今日の臨済禅はありません。白隠禅師という人は沼津の人でね、一生涯沼津を離れなかったんです。いくら大本山妙心寺からの招きがあっても、妙心寺には出世しなかった人です。一生、黒い衣を着て、松蔭寺《しょういんじ》という貧乏寺で弟子たちを育てるだけに専念した。この人が日本臨済宗中興の祖と仰がれているんです。

「駿河《するが》には　過ぎたるものが二つあり、富士のお山と、原の白隠」と仰がれた人です。この人は子供のときに母に連れられてお寺に参り、地獄の絵解きを見て地獄を恐れ、出家したんですが、二十四歳のとき、越後（新潟県）の高田の英巌寺《えいがんじ》というお寺で夜も寝ずに、徹宵《てっしょう》坐禅していたんです。するとまだき遠い所のお寺から、ゴーンという釣鐘の音が聞こえたんです。それを聴いたとたん白隠さんは悟りました。こんな痛快な悟りを得た奴は、古今東西にあるまいって、と欣《きん》喜雀躍《きじゃくじゃく》して喜んだんです。

するとそばにいた雲水《うんすい》（修行僧）さんが、飯山《いいやま》（長野県の村）におられる正受《しょうじゅ》老人という私の師匠にその喜びを打ち明けてみたらどうかと言うんです。それで草鞋《わらじ》を履いて、越後から長野へ行ったんです。そしたらこの正受老人に、「この鬼窟《きくつ》裏の死禅和《しぜんな》」（穴ぐらの死人坊主）と、縁から突き落とされたんです。

せっかく悟って欣《よろこ》んでたんですが、この正受老人から「この洞穴の奥に坐って眼ばかり光らせとる死人禅坊主」って言われ、せっかくの悟りを否定されたんです。それでもだんだんと、全国から修行者たちが白隠さんのいる原（沼津市）の松蔭寺へ集まって来て、盛んに禅の指導をしておったんです。

ところが四十二歳のとき、『法華経』というお経を読んでいると、縁側の下でコオロギが鳴いた。その声を聴いたとたんに、白隠さんはまた悟ったんです。そして、今までの悟りはすべて間違いであった、と気づかれたというんです。ここが面白いんですね。それを私は「悟りを超える」って題して、今年は白隠禅師が入滅されてから二百五十年ですから、あちこちへ行って、講演をしました。

つまり、一生懸命修行をして悟りを開いて大喜びしたのは間違いであったと気づいたというんですね。これを「大悟徹底」って言うんですかね。そんなら悟りを目指して命がけで修行したり、悟ったりしている坊さんたちは、皆んな馬鹿みたいなもんですね。

私はこの頃、悟った人と言われて、有頂天になっている連中が馬鹿に見えてしょうがない。本当は誰が見ても全然分からないようでなきゃいかん。偉い人と見えるような人は、全然ダメです。それを私は「悟りを超える」とか「地獄への超越」とか言っているんですけど、一般には禅宗は悟りの宗教ですね、だからあの人は悟りを開いている偉い人だそうだとかね。でもそんなものが他人に分かるようじゃダメ。しかし、分かるようでなけりゃ、一般の人が尊敬してくれないから、分からんようではダメ。それで分かるように見せているけど、阿呆みたい話やなあ。

さあ、越前先生の番ですよ。「見神」ということを聞いていますけど、どんなことですか。

◆神を見るということ

越前　神さまを見ることが出来るかどうかってことですが、神さまを見ることは出来ません。神さまには姿形《すがたかたち》がありませんからね。聖書の中に神を見るということは、まあある意味では信仰上の言葉としてありますけど。この見るということに観察の「観」がありますね。宮本武蔵の「見の眼」じゃなくて「観の眼」ですね。

姿形で見るんじゃなくって、心で見るというか、先ほどの西村先生の言われた悟りのようなものだと思いますけど。

ですけど、聖書の中にね、「マタイ」の5章の山上の説教に、「心の清い人々は幸いである。その人たちは神を見る」という言葉があるんですよ。この清い人っていうのは難しいですけど、何をどういうふうに見るかってことは別にして、神を見るということは、神さまには姿や形はありませんから、姿形で見るということよりも、「観の眼」で見るということでしょう。「コリント人への第1の手紙」の中に、13章にこういう言葉があるんですね。愛の讃歌と言われている箇所なんですけど。8節からちょっと読んでみますけど、

預言は廃《すた》れ、異言はやみ、知識は廃れよう、わたしたちの知識は一部分、預言も一部分だから。完全なものが来たときには、部分的なものは廃れよう。幼子だったとき、わたしは幼子のように話し、幼子のように思い、幼子のように考えていた。成人した今、幼子のことを棄てた。わたしたちは、今は、鏡におぼろに映ったものを見ている。だが、そのときには、顔と顔とを合わせて見ることになる。わたしは、今は一部しか知らなくとも、そのときには、はっきり知られているようにはっきり知ることになる。それゆえ、信仰と、希望と、愛、この三つは、いつまでも残る。その中で最も大いなるものは、愛である。

これは、「愛」の箇所なんですけど、「そのときには、顔と顔とを合わせて見る」、つまり、こ

れは、霊眼で神さまを観ることではないかと、私は考えています。

西村　うーん。

越前　神さまを見るっていうのは、五官の眼でもって見るんじゃなくって、死んでから見ることですから、やはり、魂が霊眼で観るということでしょう。

西村　うーん。でしょうね。

越前　「ヨハネによる福音書」の最後の17章にありますが、こういう言葉があるんですよ。

イエスはこれらのことを話してから、天を仰いで言われた。「父よ、時が来ました。あなたの子があなたの栄光を現すようになるために、子に栄光を与えて下さい。あなたは子にすべての人を支配する権能をお与えになりました。そのために、子はあなたからゆだねられた人すべてに、永遠の命を与えることが出来るのです」

救いというのは、ヨハネによれば、永遠の命、すなわち神の命です。

西村　うん。

越前　そして、この17章の3節に、「永遠の命とは、唯一のまことの神であられるあなたと、あなたのお遣わしになったイエス・キリストを知ることです」とあります。この「知る」という言葉の意味は、概念的な知り方ではなくて、直観的、体験的に知るということです。換言すれば、神とキリストをあるがままに観るということにほかなりません。

西村　そうですか。

越前　それがどういうことかというと、先ほど言ったように、この「見」の眼でなくて、観察するの「観」の眼なんです。たとえば禅宗では、悟りを忘れること、これ悟りなりと言うのじゃないですか。また、悟りというのは、「見る」ではなく、「見える」と言われるでしょう。これは単に受け身ということではなくて、神さまが姿を現される、という感じではないでしょうか。

その場合、五官の眼で見ているんじゃなくて心の眼で見えているんじゃないですか。神を見たという体験、それは神秘体験と言われるかも知れませんが、それは神の姿、形を見たということではなくて、神の息吹というかはたらきを感じているのではないでしょうか。他の言葉で言えば、キリスト教では恩恵体験とも言います。どういう体験かは、一人ひとりみな違うと思います。

西村　なるほどね。

越前　それは信仰に応じて、その人がどういうふうに思っているかによると、私は思います。神さまをどういうふうに思っているか、あるいはどういうふうに信じているかによって、神の現れ方は、千差万別だと思います。

とにかく私は、神さまが今は見えないから信じてるんですけど、神さまは見える方だと思っています。「ヨハネによる福音書」の最後のほうに、復活された主イエスを信じない弟子のトマスに出現されたイエスが、こう言われるのです。「トマスよ、あなたの指をここに当てて、わたしの手を見なさい。また、あなたの手を伸ばし、わたしのわき腹に入れなさい。信じない者ではなく、信じる者になりなさい」。トマスは答えて、「わたしの主、わたしの神よ」と言った。それに対し、イエスはトマスに言われた。「わたしを見たから信じたのか。見ないのに信じる人は、幸いである」（20：27〜29）

この出来事は、イエスの復活を信じなかった弟子のトマスに、イエスがあなたは復活された私を現に目の前に見ているから、私イエスの復活の出来事が本当だと信じたが、見なくても、人々の証言を聞いて信じる人は幸いである、という意味に、私は解釈します。つまり、見ても、信じなければ、真実が見えないのです。

西村　うーん。

越前　見ることが知ること、知ることが見ることですが、現世では、そこに信じるという心構えが入らないと、本当のことは分からないんです。

ともあれ、聖アウグスチヌスの『神国論』の最後の所に、名文句があります。ラテン語で悪いですけど、ラテン語で書いてますので、まずラテン語で言います。

Videbimus et amabimus, amabimus et laudabimus in fine sine fine.

〈私意訳〉「その時、私たちは神を見るでしょう。そして神を愛するでしょう。私たちは神を愛しながら、神を賛美するでしょう。終わりのときに、終わりなく」

また「黙示録」の21章には、世の終わりの光景が、ヴィジョンとして著者の使徒聖ヨハネに啓示されています。少し長いが引用させていただきます。

わたしヨハネはまた、新しい天と新しい地を見た。最初の天と最初の地は去って行き、もはや海もなくなった。更にわたしは、聖なる都、新しいエルサレムが、夫のために着飾った花嫁のように用意を整えて、神のもとを離れ、天から下ってくるのを見た。そのとき、わたしは玉座から語りかける大きな声を聞いた。「見よ、神の幕屋が人の間にあって、神が人と共に住み、人は神の民となる。神は自ら人と共にいて、その神となり、彼らの目の涙をことごとくぬぐい取ってくださる。もはや死はなく、もはや悲しみも嘆きも労苦もない。最初のものは過ぎ去ったからである」（21：1～4）

これは世の終わりに起こる天国（神の国）の訪れの光景を、ヨハネはヴィジョン（示現）として受けたままを記したものだと思います。私たちは、世の終わりのときに、新しい天と地が来るのを信じています。その時、顔と顔を合わせて、神を観ることになります。しかし、それは五官で見るような見方ではない。心眼や霊眼で見ると言ったほうがよいかも知れないが、私には経験が無い。信じているだけです。

聖書にはよく、「神の栄光を見る」という表現が出てきますが、神の栄光を見るとか、栄光に包まれるとか、そういう体験を言っているのかも知れません。

ともあれ、私たちが死後、天国で神さまを見ること、それが、「永遠の命」なのです。「ヨハネの福音書」の17章には、神に対するイエスの祈りとして、「永遠の命とは、唯一のまことの神であられるあなたと、あなたのお遣わしになったイエス・キリストを知ることです」（17：3）とあります。この「知る」とは、「見る」ということです。

西村　見るって、どういうことですか。

越前　ですから、先ほどから申し上げているように、五官で見ることではないんです。

西村　感覚的に見るんじゃなくって、どうするんですか。

越前　心で見るってことですよ。

西村　うーん。心で見る。ああ、これが神さまだって思うわけですか。

越前　本人には分かるんでしょうね。

西村　分かるんですね。

越前　そう。

西村　何もないのに、どうして。

越前　旧約聖書の預言者の話を読むとね、神は姿形はないけどね、言葉はあるんですよ。

西村　うーん。

越前　神は、預言者に語りかけるんですよ。たとえば、惠信、惠信って呼ぶわけ。

西村　呼ぶわけだ。
越前　あなたは、禅の坊主になって良かったね。これから、全世界に行って、禅を広めなさいって、こう言うわけ。たとえばですよ。
西村　そんな声、聴いたことないけど。
越前　はっ、はっ。聴いたことないって。だから言葉というのは、姿形が無いじゃないですか。でも、聞こえてくるでしょう。霊感、インスピレーションとも言うでしょう。
いずれにしても私たちは、神さまを見ることになるでしょう。それが永遠の命だと思いますよ。中世の偉大な神学者、聖トマス・アクィナスは、その大著『神学大全』の中で、天国における最高の幸福を、「至福直観」（Visio beatifica）と書いています。

◆見る宗教と聴く宗教

西村　今、いいこと思い出した。宗教にはね、見る宗教と、聴く宗教があるということ。プロテスタントは聴く宗教です。聖書の言葉を聞く宗教じゃないですか。私の理解では、カトリックは見る宗教でしょう。神を見る見神体験の宗教。プロテスタントは神の言葉に従う聴く宗教って聞いてるんですけど。ま、それはいいとしてね、禅宗は「見性成仏《けんしょうじょうぶつ》」と言って、この「見る」

ということを、非常に大事にするんです。

越前　それは、自分の本性が何であるかを見るってことでしょうか。

西村　見るってこと。そしてあなたはね、観光の観の観るって言ったでしょう。あれは、キリスト教の神秘主義の観想の観、ところがね、観想の観には理念的な部分がちょっと入ってるんじゃないですか。

越前　うん。

西村　それで、禅宗ではどこまでも、「観」ではなくて「見」ですね。

越前　なるほど。

西村　その「見」はね、白楽天だったか「悠然として南山を見る」という、あの「見」でなけりゃならんと、私、学生時代に金子光介という先生に習ったんですよ。「観」は観想、「見」は見るだって。だからね、たとえば、さっき言いました桃の花を見て悟った霊雲和尚の語録はね、『見桃録』って言うんですね、やっぱり、桃を見たというね、見るという字を使ってあるんです。禅では悟りのことを、見性経験って言うんですけどね。

越前　うん。

西村　それでね、神を見るって言われるけど、まあ、越前神父の場合はいずれにしても、神を観るで、神と一つになるというか、神が私を見るというか、よく分からないんですが、禅宗の見るは、真実を今ここに見るんです。はっきりと今ここに。

越前　うん。

西村　芭蕉だったら、「よく見れば　なづな花咲く　垣根かな」ですね。この「よく見れば」というところが、物凄く大事だとね。神は「ここ」に宿っておられるんでしょうね。

越前　うん。まあ、「宿ってる」という表現はあまりよくないと思うけど、まあ、そういうことですね。

西村　宿っているっていうのはよくないって。けど、これは神じゃないですか。

越前　神です。そこに神はいらっしゃるということです。

西村　だから、それをじっと見つめる。そこで神と出会う。ま、そういうことならよく分かりますよ。だから、神を見るということは、祈ってとか、山のあなたの空遠くとかじゃなくって、眼前の椿を見て神を見たと、こんなのあるんでしょう。

越前　うん、あるね。

西村　これなら分かりやすいし、禅宗でいう見性体験とよく似ていると思います。それは事実であって、決して抽象的なもんじゃないでしょう。具体的に真実に出会うこと。これが見るということなんでしょうね。

越前　そうです。

西村　決して、あの、イマジネーションじゃないと思います。

越前　そうです。

西村　「柳は緑、花は紅」という禅語があるけど、それは今更のように、事実を見ることです。それまでの納得は知識として分かってただけだけど。たとえば、道元禅師が中国から帰って来られたとき、道元さまは中国まで行って、何を悟られたんですかって聞いたら、「われ眼横鼻直《がんのうびちょく》なることを得たり」って言ってるんですね。眼は横で鼻は縦ということが分かったと言うんです。

越前　うん。

西村　眼は横で鼻は縦ということが分かった。東シナ海を命がけで渡って中国にまで行って、分かったことは、眼は横で鼻は縦。当たり前やないですか。そんなことをわざわざ中国まで行ってね。何か珍しいものを見つけたんじゃないんですね。真実ってものが遠い彼方にあるんなら、手間暇かけて行かなきゃならんけど、「宝処は近きにあり」だから、脚下にある。それで「脚下《きゃっか》照顧《しょうこ》」しなきゃならんのですね。

越前　うん。

西村　だから、私が思うに禅というものは、あの迷いから悟りへ行くというように、百八十度向こうに真実を見るのでなく、一回りして三百六十度のここに真実を見ることではないかと思います。カール・ブッセのあの歌もね。「山のあなたの空遠く、幸い住むと人の言う」と。「われひとと、とめゆきて」は、一遍そこへ行って「涙さしぐみ帰り来ぬ」で、そこには何も無かった。神は天国におられなかったんや。

それでも「山のあなたのなお遠く、幸い住むと人の言う」ですが、この「なお」って言うのはね、そのもっと向こうではない。あの「なお遠く」っていうのは足下っていう意味ですよ。もっと近くということでしょう。ほんとの「遠さ」っていうのは、最も近いとこにあるって意味だと、私はブッセの詩を解釈しているんですが。

越前　なるほど。

西村　だから、禅なんかはいつも脚下です。自分に一番近いのは「自分」ですね。日常生活の只中に、そこに神がいるし天国がある。まあ、無理やり言葉を使えば、そういうことになります。そしてキリスト教の神学の中にも、エックハルトみたいに、そういうことを言っている人は、もちろんありますね。

越前　もちろんいますね。

◆日本のキリスト教

西村　うん。ただ、キリスト教の説き方を、もっと知りたいわけです、私はね。そうでないとキリスト教が流行らん。そんなんやったら仏教と同じやないかと言われてしまったら、お終いやな。私はここが問題やないかと思うんですね。キリスト教がね、この国でいくら布教して信者人口を増やそう思っても、思い通り増えんわけでしょう。

越前　増えません。

西村　増えんのはなぜか、というとね、やっぱり宣伝が下手ですよ。勝とう思うたらもっと独自性を出さなかん。仏教に近づけようとするから仏教に負けるんですよ。勝とう思うたらもっと独自性を出さなあかん。そのほうが案外受けると思うんやけど。

越前　いや、勝とうとは思ってない。

西村　もし私がクリスチャンだったら、イライラするでしょうけどね。増えてないのが事実ですから。

越前　日本にキリスト教が増えないのは、宣教師中心ということもありますが、教義の広布を中心に据えたことだと、私は考えています。しかも、欧米の宣教師が同時にもたらした西洋の文化は主知主義的だったのではないでしょうか。そうしたメンタリティは、日本人に合わないと思います。日本の文化は、いろいろな専門家も指摘しているように、感性的で、母性的でしょう。

それに日本人は一般に、理屈で信仰を理解しようとしないでしょう。私はラテン語を勉強し、スコラ哲学を学びましたけれど、極めて理知的、論理的で難しかったです。幸い私は中学のとき、数学が得意だったので、論理学などは分かりやすかった。けれども、これはキリストの福音を伝道するときには、役に立たなかった。

西村　うーん。

越前　つまり、彼らはいつも、理性的に物事を分析し、判断するんです。

西村　そうそう、それは言える。

越前　だから、三段論法的じゃないですか。

西村　そう。

越前　いつも、理屈でしょう。日本人は一般に感情とか情感とか感性とか、そういうものを重視するじゃないですか。けれども、西洋人は一般的にそういうことを重視しない。いつも理屈であり、論理であって、知性優位の理論に傾いているじゃないですか。感情などほとんど問題にしない。そんなものは理論でも学問でもないと、決めつけるじゃないですか。しかし、宣教師は、神に祈るときにも、ちゃんと神さまのことを意識して、「天におられる私たちの父よ、云々」と、言わなければならないと教えたんです。でも、祈りはほんらい、感情を重視し、直観的、情緒的なものではないでしょうか。

それに西洋人は、言葉による黙想などを重視していました。私自身イエズス会士としてそういう教育を受けたんです。論理や言語が明確でないって注意されたものです。宣教師のキリスト教は、西洋人には合っているかも知れないけど、日本人には合わないと思います。それがキリスト教の教勢が伸びない原因の一つではないでしょうか。

西村　やっぱり、日本的キリスト教っていうものでないと。

越前　それを作ったのは、迫害時代のキリシタンではなかったかと思います。ですから、長崎あたりのカトリックは日本的だと思います。神父や宣教師がいない、隠れキリシタンの約二百五十年間で、極めて日本的なキリスト教を創り出したと思います。

西村　早くからやった人が、いたんじゃないの。

越前　長崎の人はやっぱり、信心深いかも知れませんが、あまり学問的ではないと感じますね。

西村　うーん、それはね越前先生、やっぱり問題ですよ。これだけ何百年たっても一向に増えないっていうことは、やっぱりどっかに欠陥がある。

越前　それは、ありますね。

西村　そんな結構な教えなら、もっと宣教すべきですよ。

越前　広めようとはしているんだけれども。

西村　なんで広がらんのか。

越前　広まらないのは、先ほども申し上げたように。

西村　日本人の感性に合わないんですよ。

越前　合わないからですね。

西村　何が合わないか。

越前　それは、キリスト教の信仰が理屈っぽいからだと思います。

西村　理屈が合わない。理屈過ぎるのかなあ。

越前　理屈過ぎるんですよ。私だって理屈でしゃべってますから。西村先生なんかさ、理屈でしゃべってるといっても、理屈でしゃべってないですよ。

西村　いや、私も結構、理屈屋の癖がついとるからね。

越前　ふっふ。

西村　でもね、僕はほんとにそう思うんですよ。別におもねて、あなたに言ってるんじゃない。キリスト教は厳然たる世界宗教ですから、もっと、広がるはずなんですよ。何がいかんのですか。だいたいカトリックの独身主義はやめたらどうですか。

越前　まあ、それは関係ないでしょう。でも教皇様に言って下さい。私は反対ではない。誓願を立てた修道司祭が、独身なのは分かります。そうでなくて、世俗司祭と呼ばれる神父たちは、独身でなければならないということは理論的ではないでしょう。私は、あくまでも司牧的観点から司祭の独身制はベターだと思います。家族や家庭のしがらみがないから、自由に生きられ、自由に宣教出来ると思います。

V　無神論と有神論

◆キリスト教とマルキシズム

越前　無神論とか有神論とかという言葉になっちゃうと、キリスト教は有神論ですから。共産主義の一番大きな問題は三つあるんですよ。一つ目は無神論、つまり、神の存在を否定するんですよ。二つ目は無霊魂説、つまり万物は物質を下部構造に進化・発展したもので、精神や霊や神などはそこから発生した上部構造に過ぎないと説くのです。三つ目は私有財産を否定するんですよ、全部党や国家の物だと言う。これが共産主義でしょう。人類にとって、最悪のイデオロギーだと思いますよ。

これに対してローマ・カトリック教会は昔、ピオ十二世という教皇が、カトリック教会はコミュニズムというか共産主義とは相容れないと断言されたのです。その頃、私は、哲学科の学生で、卒論にマルキシズムについて書いたんです。ですから、他の人よりも少しはマルキシズムや共産主義については知っているつもりです。

西村　うん。

越前　私はやっぱり日本人の無神論というのは、何かイデオロギーとしての無神論ではなくて、生活上神を必要としていない。森羅万象がみな神々みたいで、極めて感情的、感覚的な無神観じゃないでしょうか。

西村　理屈というものが無い。神なんてあるかい、てなもんや。

越前　もし一般の日本人が、人間には魂なんか無くて、死んだら無になるさとか、神さまは存在しないんだよとか、神道の神々は自然界のことさ、としか思っていないなら、やっぱりキリスト教とは合わないでしょうね。

西村　神さまも無いっていう無神論には、霊魂も無いんですか。

越前　そうじゃないですか。私はそう思いますけど。

西村　あ、そう、無神論者にはね。

越前　人は不滅の霊魂で生きているということを認めたら、必然的に神を認めることになると私は考えます。霊魂の中に神さまがちゃん存在し、生き、はたらいておられると信じているから。

西村　あなたがそう言われても、私は霊魂なんて認めませんね。唯だこの私が生きているだけで。

越前　はっ、はっ、は。違う、違う。あなたがいることが神がいることを表しているのではないでしょうか。神はすべてにおいて、すべてでいらっしゃるから、神の存在を否定することは不可能です。ただ、人の意識は創造力を持っていますから、あなたが神がいないと言えば、あなたには神がいないでしょう。むろん、神を経験することも出来ないでしょう。

しかし、もしあなたが「己事究明」をなさって、ああこれが真実の己れかと悟られたならば、あなたが神と一つであることを体験していることになるでしょう。それが真我なのではないでしょうか。

カトリック教会の立場から、マルキシズムや共産主義を批判するのは、マルキシズムが無神論であり無霊魂説だからであり、私有財産を否定して、皆んな平等であるようにという誤謬《ごびゅう》のためです。なぜ誤謬かというと、神は平等に関して、人類みなに機会の平等を与えているのであって、結果の平等を認めているわけではないからです。

人の個性や能力は平等ではないのです。しかし神は、それぞれの人が完全・完璧な人間になれるような可能性を、各人の個性に与えておられるのです。たとえば、バラはバラ、菫《すみれ》は菫、菊は菊で完全無欠なようにです。しかも、雪のひとひらの結晶がみな違う美しさを持っているようにです。結果は、それぞれの人が自分で選択し、創造することなんです。それは集団に関しても言えます。

西村　無霊魂ということ初めて聞きました。共産主義は無霊魂。精神も霊魂も認めないんですか。
越前　認めませんよ。だってすべてが物質だと言うじゃないですか。すべての物は物質から成り立っていると主張するんですから。
西村　へー、深くて見えないものは認めないんですね。
越前　認めないよ。
西村　霊魂もね。
越前　だから、霊魂とか何とか言ってるのは、皆んな物質から出てくる上部構造だって、マルクスは言っているじゃないですか。でも、下部構造は生産構造ですが、それは物質でしょう。
西村　悲しいね。心も精神も認めないって。
越前　認めませんよ。
西村　うーん。
越前　だから、そういう思想は払拭しなければならないんです。左翼リベラルのマルキストやコミュニストとは、思想的に闘わなきゃならないと思います。

◆イエズス会の学校出身のマルクス

西村　私が南禅僧堂《なんぜんそうどう》で修行してるときにね、托鉢《たくはつ》っていうのをしたんですよ。ホーウって言うて、裸足に草鞋《わらじ》履きで京の街を托鉢した。すると皆さんが、首に掛けている袋にお米やお金を入れてくれる。子供なんかは「お母ちゃん、ホーウさんが来た。お金、お金」って言うて、親から百円ぐらい貰って入れてくれる。

道場に帰って来て、その貰ってきた米やお金を台所の箱に入れるんですね。私は大学卒業して、初めて托鉢に連れていかれたとき、その箱の蓋に「君主は財を愛す」と書いてあったんですね。これは共産主義の言葉ではなく、儒教の言葉です。「君主は財を愛す」。そして「これを取るに道を以ってす」と言うんです。「君主は財を愛す。これを取るに道を以ってす」（『五灯会元《ごとうえげん》』洞山暁聡《とうざんぎょうそう》章）とね。

この「財を愛す」ってこと初めて聞いたとき、私、こりゃ良いなあって思ったんです。お金というものは汚いものだと聞いてましたから、宗教はお金なんて汚れたものと関わっていたらいかんと思っていたもんですから。ところがこれ見たら、君主は財を愛するんだとあった。しかし、これを取るに道をもってすって言うんですから、この取るって字は違うか知らんけど、そのお金の扱い方が問題であって、決してお金が卑しいのではないとね。
越前　そうですね。
西村　こういう言葉を読んで、強い印象を持ったんですけどね。ただ共産主義はどうしてお金を嫌うのかというと、それを蓄積することを嫌うんですね。
越前　そうそう。私有財産を否定するんです。
西村　それは分かるけど、財というものは非常に大事な物や、と私は思いますね。
越前　そりゃ、共産主義もそう思ってるでしょう。
西村　霞食って生きられへんものね。
越前　そう。
西村　富の蓄積から社会の歪みは、金持ちと貧乏人の差ですね。しかしお金そのものは大事にすべきものだと思います。私この頃ね、老後の幸せの四大条件というのをラジオで聞いて、我が意を得たりと、皆んなに言うて回っているんですけどね。その老年になってからの幸せの四条件とは何かというとね。
　まずお金ですよ。お金が無いとつまらん人生になる。お金は卑しいもんだ、汚いもんだというのは常識ですけど、まして宗教家がお金の話などしたら、聞こえが悪いけど。実はお金は大事なもんですね。

なぜかというとね、老後になって必要なものは、やっぱりお金なんですよ。旅行に誘われても、ちょっと都合が悪いのでと断わるでしょう。嘘ですよ、金が無いんですよ。惨《みじ》めやなあ。何かを買おうとか、美味しいもの食べようかと思ったって、金が無ければ、孫にあげるお小遣いも無いんではね。私この頃、お金は大事やなと思ってるんです。だから若い人たちにも、お金を大事にしておきなさいよ、年寄ったら絶対にお金がいるからねって、言っているんです。

越前　うん。

西村　その次はね、お金があっても健康でなきゃいかんでしょう。健康でなかったらいくら何千万円あっても意味がない。健康だったらお金が生きるんですよね。第三は友達。一人がお金握りしめていても、元気であっても、一人では面白くない。やっぱり友達っていうのは必要ですよ。最後は趣味です。趣味。この四条件が揃ったら幸せですと、元校長先生がラジオで言うたから、私はそりゃそうやな、嫌だけどお金は大事だなあ、と思っているんです。

金は卑しいものだが、使い方があるんだ、と思っています。私の趣味は絵を描くことです。そのお陰で、毎日暇さえあれば絵を書いて、楽しんでいるんです。

越前　羨ましいですね。私には趣味なんて全然ないから。

西村　趣味は大事ですよ。いや、趣味よりもお金が大事ですよ。嫌らしく聞こえるけど。

越前　私には趣味も無ければ、お金も無し。

西村　神父さんは私有財産を持ってないでしょうね。
越前　修道神父は修道者ですから、私有財産はありません。しかし在俗司祭というか、普通の神父は、私有財産を持っています。
西村　あなたは持ってないんですか。
越前　はい、清貧の誓願を立てていますから、教会法上、私有財産はありません。しかし、必要なお金は修道院から貰います。ですから、特に不自由を感じません。たとえば、長崎に旅行しますからと言うと、必要な費用は貰えます。
西村　それじゃ、必要なときは自由にくれるわけですか。
越前　どこへ、何のために行くか言えばよいのです。たとえば、ご一緒したけれど、イスラエルに巡礼旅行をしたいと言って申請したら、上長から許可が出ました。そして予算も出ました。必要なときは、お金を頂きます。
西村　どっかへ飲みに行きたいんだけど、と言えば出るんですか。
越前　出るっていうか、毎月お小遣いを貰っていますから、その範囲内で友人と飲むことはあります。
西村　あー、そうか、お小遣いを貰う。つまり、蓄えるような財産は持たないということですね。

越前　持ちません。

西村　それも共同体の生活として必要なことなんですね。ある人は金持っとるし、ある人は持っとらんと、そんな馬鹿なことはないでしょう。

越前　そうです。先ほど共産主義のお話をしましたが、マルクスはイエズス会の学校を卒業しているんです。彼がどうして共産主義の社会がいい社会だと思ったのかというと、聖書を読んでみると、初代教会はそれぞれ自分の財産を持ち寄って、皆んなが困らないようにしたと、ちゃんと「使徒言行録」（2：44〜46）に書かれているんです。

それを読んでマルクスは、人々の私有財産制を無くせば、金持ちとか貧乏人とか、そういうような差別が無くなって、皆んな平等になるんだと、理想主義的に考えたんですよ。

しかし、現実はそういうわけにはいきませんね。それを実行しているのが修道生活なんです。神さまを礼拝し賛美することに没頭する生活なら、それは初代教会のように可能でしょうが、世の中にそのシステムを取り入れると、非人道的な搾取社会としての共産党一党独裁の国家になってしまうのです。それが本当に幸福ですか。私は、修道院生活のシステムを生産と消費の経済活動、政治権力の闘争、安全な国家、社会、教育・文化などの場で一般社会に適応するのは、最悪な体制だと思います。

西村　そうですか。マルクスはイエズス会の学校を出てるんですか。

越前　そうです。デカルトもそうです。だからイエズス会の学校を卒業した人が、イエズス会に反対していたんです。
西村　ほー。
越前　私有財産を持っていれば、自分の土地とか財産とかがあるので、それぞれ自分の家族や土地や財産を大切にし、ちゃんと守るじゃないですか。
西村　うーん。
越前　でも、あなたの土地は皆んな国家の物です、ということになっちゃうと、国家の財産を管理するのは官僚みたいなもんだから、結局、中国で言えば共産党員じゃないですか。自分の金が無いのに、自分の金のようにどうにでもなるでしょう。農民から皆んな取れるじゃないですか。で、そこにホテル作るとか何とか言って。こういう社会は非人道的な社会だとは思いませんか。修道院は出家者の生活スタイルだから良しとしても、その仕組みを一般社会に、当てはめようとするなら、最悪の社会になってしまうでしょう。その意味で、私は、大反対です。
ある意味で独身制も似ていると思いますよ。現代のように、結婚する若者が少なくなれば、人口が減少し社会は大変なことになるんじゃないですか。
西村　マルクスはもともとヘーゲルの弟子ですから人間学の人ですものね。いかにして人間が幸せでありうるかということを探求したのがマルクスですよね。しかしそれを阻害するのが金だということですね。だから始めから、お金みたいなものはどうでもいいと言うたんではないんでしょう。いかにして人間が幸せになるかということを考えて、その人間の幸せを阻害しとるのが金だってことになったわけですよね。

越前　そういうことになるでしょう。金を持っている人と、持ってない人。こっちが十億持っていて、私が一千万しか持ってなかったら、どうしようもないでしょう。

西村　だからやっぱり、金がそうやって人間を不幸せにするから、金による自己疎外というのは止めろって言ったのね、マルクスは。もとはフォイエルバハと一緒でね、ヘーゲルの弟子ですから、マルクスはやっぱり人間主義、ヒューマニストですよね。

越前　聖書にあるけど、本当のお金持ちっていうのは、「金持ち喧嘩せず」で、結構質素なんですが、成金みたい人は傲慢になりやすんです。かつてバブルのとき、農協の旗の下に大勢の農協の方々が、海外旅行したんですね。イタリア人の神父から聞いた話ですけど、札束で他人の頬っぺたを叩く、そういう態度だったので現地の人からは評判悪かったそうです。今はさすがにそういうことはないでしょうが。とにかく成金は威張るんですね。

過日ですが、ホテルニューオータニのアーケード街にある「ふみぜん」という飲食店で見た光景ですが、年齢は九十歳以上の男性が、なんでもっと大きくて立派な魚を出さないのか、俺、金なら幾らでもあるんだよ、と言ってたんです。

驚きましたね。店の人が私に言うんです。金の亡者になってしまうような人は傲慢になり、思いあがるからほんとに困るんですって。

西村　うーん。

越前　おそらく彼には家族はいないんじゃないか、ホテルに一人で泊まって。いくら金があると言ったって、やっぱり一番大事なのは愛情だと思うんだけどね。さっきの四つにプラス愛情でしょう。

西村　愛情がなきゃ、友達も出来ませんわなあ。

越前　その通りよ。

西村　金だけ持って、一人で頑張っとる人もおるよ。

越前　西村先生なんか、愛情があるから友達も出来るでしょう。私なんか友達も出来ないから。

西村　愛情がなぜあるかというとね、小さいときに親から離れたから、淋しいんや。

越前　あ、そう。

西村　これは大変有難いことです。特に女の人が大好きなのは、やっぱり母性愛に飢えているということやろねえ。そういう寂しさが宗教性と一致するんかなあ。薄情な男だったら、宗教家になれないよ、やっぱり。だから前に「割愛《かつあい》の情」って言いましたけどね、根本には愛を割《さ》く寂しさっていうものが必要なんですわ。宗教家になるためには。

越前　なるほどね。

西村　豊かで愛情に充たされていて、お金もいっぱいあるって、そんな人は宗教家になれませんよ。人の苦しみなど分かりませんから。だから、私は出家というものは大事なものだなあと思っているんです。

Ⅵ　自力と他力

◆自力と他力

西村　まあ、私はこの歳になって思うんですが、救いということの根拠を、自分に求めるのと、他者に求めるのと、別ではないんですね。他者の力っていったら、神さまとか阿弥陀さんでしょう。禅宗にはそういうのは無いけど、禅の修行でも、悟りを開くためには、やっぱり何かの契機が無いとね。やっぱり一人で頑張っていても、周りの世界に照らされて初めて自分が分かるんですから、これは他力ですね。

もちろん神さまとか阿弥陀さんとかが、修行を助けてくれるんじゃないけれど、本当の自分が分かるためには、どうしても一人ではダメですね。昔の禅僧も周りの世界によって、初めて本当の自分に気づいています。そういうことから考えると、禅宗だって結構他力的だと思いますよ。禅宗は自力だって言いますけど、独りで悟ることなんて出来ない。導いてくれる師も必要です。

ここではちょっと、テーマから外れるか知らんけど、禅宗は自分らのことを「仏心宗」と言うんです。そして他の宗派を「教宗」と呼ぶのです。禅宗だけはお釈迦様の心を以心伝心、つまり心から心へと伝えていく一派だとね。しかしその伝え方というものは、師から弟子へと直接には伝達出来ない。

ほら、あのキルケゴールの『哲学的断片』という著作に、「真理の間接伝達」というのがありますね。真理は直接には伝達出来ない。これだと言って師から弟子へ手渡しは出来ないというのです。

キルケゴールが言うには、イエス様の直弟子たちは、イエス様の傍にいたために、かえって真理から遠ざけられるって言ってますね。イエスの傍におる人は真理に気づきにくい。逆に間接の弟子、つまりイエスの時代から二千年を隔てた後の弟子こそが、本当の弟子になれるんだと、そういうことを書いていています。

つまり真理というものは、師と弟子が遠ざかっているほどよく伝わるという話です。近いとどうしても先生の姿とか、声とかの要素に誤魔化されて、かえって真理が伝わりにくいというのですね。私は若いとき、真理の伝達ということに非常に関心を持って、二、三本論文を書いたことがありますけれど。うーん、だから禅宗では師は徹底的に伝達を拒否するんですね。弟子に説いて聞かせて伝えるということは絶対にありません。これでまた、越前神父との違いを問題にしようとする魂胆ですけど。だから禅の師は、門を閉めて弟子を拒絶するんです。たとえば、牛を引っ張って川の所までは連れて来ることは出来るんです、力ずくでもね。ところがいよいよ水を飲ませようとしても、これは飲ませられん。絶対に飲ませられん。

それで一番良い方法は、牛を川とは反対の方向に押しやるんです。すると、やればやるほど牛は、自分で川辺へ行って自分で水をゴクゴク飲むんですよ。弟子の問いを拒否するっていうのが、師の役目です。教えたらもうダメなんですね。求めもしない奴は、近寄りもせんから放って置いたらいいけど。求めてきたら拒否する。それがまあ、禅における真理伝達の方法ですね。

それが師匠の役目です。本当だったら教えてあげたいでしょう。さあ来なさい、いらっしゃいって誘いかける。キリスト教はそうじゃないですか。「叩け、しからば開かれん」とね。ところが、叩いたりすると、何しに来たんかと蹴とばす、突き放すというあたりが自力じゃないかなと思います。禅ではそういう冷たい仕打ちを「ご親切」と言うんです。そういう不親切に見えるやり方を、ご親切と言うんです。

確かに本当の親切というのは、教えるものじゃないんです。自力の禅宗ですから、自分の力で自分で気づく。それが禅宗というものだと思いますね。でも伝達を拒否してくれる師がいないと、真理の戸は開けられない。そういう意味で他力かな。師という他力を被《こうむ》らないと、自力も発揮出来ないということかな。椿の花がポトン落ちるのを見て人が悟りを得るのなら、こんな素晴らしい他力はないよね。

越前　自力と他力というのは、これかあれかの関係ではないと思います。自力でもあり他力でもある、というふうに思いますね。

西村　そう、そう。

越前　まず他力っていうことはやっぱり、キリスト教の方では決定的なことだから、神さまの方から恵みが来るというんで、神の恵みが先行する。神の恵みと言うときに、まず第一は自然界の現象も物も、みな最初に神さまが天地万物をお造りになって、それから人間をお造りになったのですから、皆んな神の恵みと言えば恵みですね。つまり、神の愛の賜物です。無条件に無償に無限に与えられたものですね。

西村　そうね。

越前　けれども、私たちが人間として生まれてきた以上、神が私たちに与えられた恵みや賜物を使って、自分や他者の大いなる成長や進歩に役立てていかなければならないでしょう。つまり、皆んなの幸せのために貢献しなければならないでしょう。なぜなら、それが真の愛であり、幸福だからです。

それはむろん一人ひとりが授かった個性や能力に応じてですが、すべては神の恵みやはたらきから来るという意味では他力ですが、自分に与えられた賜物や能力をどう使うかは自力でしょう。

西村　ねえ。
越前　繰り返しになりますが、キリスト教の場合、まず非常に重要なのは神さまの方からのはたらきかけというか、恵みというか、それが万事に先行しているということです。その意味で他力です。
西村　うん。
越前　けれども、自力って言うときには、同じカトリックの修道会でも、みな修道会によって考え方が、ちょっと違うんですけど。
西村　そうですか。
越前　イエズス会の場合はやっぱり、神が与えた能力とか才能とか、そういうものを、チャンスも含め、最大限に使うようにと、イエズス会の創立者の聖イグナチオ・デ・ロヨラが教えているわけです。
聖イグナチオは、自分の生き方や行動の仕方として、こう言っているんです。朝、目覚めたら、今日一日の仕事や活動について、神の助けと導きと恵みを祈り求める。しかし、祈りから立ち上がると、神への全幅の信頼を持ちながら、あたかも神がいないかのごとく考えて、人事を尽くせと。これが「神のより大いなる栄光と人々への大いなる奉仕」というイエズス会の精神です。
だから、最初にまず神さまに祈り、すべての恵みを願う。次には、自信をもって、人事を尽くすのです。たとえば今日のことなら、神さまにこう祈るんです。神さま、今日禅宗の先生と対談をするんですけど、先生はじめお手伝いして下さる皆さんが、あなたの愛と恵みのうちに健康で安全に会場に来られるように。そしてそこで人々のために役に立つような有益な対談が出来るよう祝福して下さい。主キリストによって、アーメン。あとは会場に来て、頑張るだけじゃないですか。

西村　うん。

越前　神に信頼して祈る。それこそ祈るんですね。しかし、いったん祈りが終わって、いざ、このアルカディア市ヶ谷に来ればもう神のことを忘れて、人事を尽くすのです。だから、人事を尽くすという意味では、カトリックは自力なんだと思います。何にせよ神におすがりして、自力で努力しようとしなければ、その祈りは無効でしょう。人間は神の似像ですから、現世の問題に関しては、神と人が協同しなければならないのです。

だから、他力でもあるし自力でもある。そうやって人間は、どんどん自己創造して成長していくんです。だから西村先生にちょっと合わせて言えば、先生は神さまとか仏さまとか持って来なくても誰かがいなければ、自分一人の力だけでは出来ないんだと仰しゃいました。それが師匠であるか友であるかは別にしてもね。

だから、自力とか他力とかいうのは、これかあれかということではない。禅宗は自力であって、浄土門は他力であるというような分け方っていうのは、ちょっと浅薄過ぎる見方ではないかと思うんです。

西村　私もそう思いますね。

越前　だから、もう一歩進めると、じゃ、その自力と他力ということなんだけど、神さまを信じて、お祈りをしている人が、特にカトリックの場合は、神さまに一生懸命祈るんですよ。プロテスタントのことは知らないけど。

西村　うん。

越前　祈るけれども、祈り終わってから、自分がこうしよう、ああしようという努力が無い人が多いんです。やっぱり自己改良する努力が無いわけ。たとえば、病気になり、神に癒しの恵みを祈ります。そのあと私なら、病院に行くとか、クリニックに行くとか、手立てを講じます。ですから、癒しを頂けるのではないでしょうか。

西村　うん。

越前　神さま、どうぞタバコが止められますように、とお祈りしたらさ、終わったらタバコ止めようと決心して、それにはどうしたらいいかという努力をしないじゃないですか。もうタバコは側に置かないとか、買ってこないとか、タバコを吸いたいと思うときは水を飲むかとか、そういう努力をしないとならないでしょう。それがイエズス会的な霊性、スピリチュアリティだ、と言うんです。でもそうでない人は、ただ神さまにお祈りするだけで努力せず、棚からぼた餅みたいに待っているっていう感じがあるんです。こういうのがクリスチャンの中に多いんです。

西村　うーん。

越前　だから、私に言わせると、「自助努力」が足りないと思うんです。やはり親がいなかったからかな。恵信さんのように、素晴らしいお母さんの写真を持っててさ、私なんかそんな写真も無いからさ。だいたいお袋がどんな顔していたかも知らないからさ。

だから神さまってことになったのかも知れませんけれど、要するに自助努力というか、自分の出来ることは自分でやるということが、やっぱりどんなにお祈りしても、どんなに神さまに頼っても、実行しなければ実りは無いと思いますよ。実りが無いというのは、そういう結果ではないでしょうか。私はそう思います。

けれども今度は逆に、一生懸命人事さえ尽くしていれば、お祈りなんかしなくてもいいじゃないかっていうのも、やっぱり間違っていると思います。

「心だに誠の道に叶いなば、祈らずとても神や守らん」という歌もありますが、心が誠の道に叶うということは、すでに神と一致しているということではないでしょうか。すでに神と成っているのなら、敢《あ》えて神に祈る必要は無いでしょう。そう私は解釈しますが。

西村　うーん。

越前　自力作善《じりきさぜん》の人というのは要するに、自分の力を過信しているとと思うんですよ。自分の力というのは、神さまであれ、大自然であれ、あるいはいろいろな人であれ、ご縁があって、つまりお蔭さまを蒙《こうむ》っているということなのでしょう。
助けられて、あるいは意識しなくていろいろな人にサポートされて、この対談が今、行われているわけでしょう。こうして手伝ってくれている人やサポートしてくれている人があるからこそ、対談が出来ているんです。そういうようなことを考えると、やっぱり自力が成り立つためには、他力もあるんだと。他力によって自力にさせられているんだ、ということがあるんじゃないかと思うんです。

西村　ほんとに、そうですね。

越前　以上です。

西村　自力他力とはっきりと分けられないものね。

越前　そう。

西村　私、今のお話聞いていていてふと思ったのはやっぱりね、人に任せるということだって物凄《ものすご》い力が要《い》りますよ。
人に任せるということは、自己を放棄するということですよ。自分は我を張っておいて、しかも俺を助けてくれでは、ほんとの他力にはなりませんからね。他力という以上は徹底して自分を没我的にして、初めてあることですが、自我を折るということも大変な自力が必要だと思いますよ。

越前　うん。

西村　だから、他力だと言って、どうか私にいい仕事下さい、お金儲けさせて下さいなんてお祈りはね、自我から出たもんですから、いくら頼んでも神さまに言うこと聞いてもらえんわ。一切を放棄するってことは、自己否定ということだから、これには凄い努力が要ること、そういうことが宗教には必要だと思いますよ。

越前　そう、そう。

Ⅶ　慈悲と隣人愛

◆人を助けて破門された話

西村　大乗仏教ではね、知恵と慈悲と言いまして、般若の知恵、素晴らしい人間としての知恵を持つことは大切ですが、それと同時に、それが自分だけの知恵になってはいけないと、その知恵が周りの世界の幸せにならなけりゃいけないというわけで、知恵と慈悲はセットになっているんです。

それで、近くに困っている人があったら助けるとか、可哀想な人があったら助けるというのが一般的に、慈悲であるように考えられていると思いますが、これはよほど気を付けないと、「有《う》縁《えん》の慈悲」でしかないのですね。

縁があってする慈悲。可哀想な人が眼の前にいたら、まあ可哀想にといって手を差し伸べる。今、流行のチャリティというやつです。ところが、あの天竜寺の夢窓国師《むそうこくし》の『夢中問答《むちゅうもんどう》』の中で、夢窓国師はそれは十分な慈悲ではない、ほんとに大切なのは「無縁の慈悲」でなければならないと説いておられます。

無縁の大悲ですから、眼の前に可哀想な人なんかいないんです。特別に相手がいなくても、悟りを得た人そのものが慈悲の塊になっていて、その慈悲が迸《ほとばし》っているというような慈悲でなければ本当でない。「ああ可哀想に」と言って助けに寄ったり、火事を見てバケツ持って走るのは当たり前のこと、しないよりはましだけど、それも大乗仏教の慈悲だけど、さらに大切なことは、「無縁の慈悲」であると、夢窓国師は言っておられる。

普通、可哀想な人がいたらすぐ駆けつけて助けるのが宗教的な慈悲だと、愛の行為だと、考えやすいけど、それは、夢窓国師から言わせると、禅の立場から言うとそんなのは本当の慈悲じゃないとね。ただ、あなたがそこにいるだけで皆さんの救いになってなきゃダメだと、だから無縁の慈悲と言うんだと、書いてあります。

そして歌が添えてあります。「映るとは　月は思わず　写すとは　水も思わぬ　広沢の池」という歌です。広沢の池っていうのは、嵐山から北の方に行った突き当たりのとこにある大覚寺の池です。

その池に名月が映りますね。無縁の慈悲はそういうように、助ける人も助けられる人も、無心でなければならない。しかも月と池の面が一つになっているというような慈悲でないといかんと、まあ、そういうわけですね。

そこで、非常に間違いやすいのが愛を施すという宗教の慈悲ですね。さあ、それが果たしていいかどうか。

あの亀井勝一郎さん、この人は札幌の人ですけど、『愛の無常について』という本がありまして、私それを高校時代にポケットに入れてね、好きな女の人の前に行ってはチラつかせていたものです。

今、埃払《ほこりはら》ってそれを読みますと、単なる愛や慈しみ、あるいは憐みは傲慢です。それはかえって相手を傷つけます、と書いてあるんですね。ほんとにそうやなあと思いますね。たとえば、友達が病気で入院していて、見舞いに行くことはよくありますが、よほど心しないと、かえって相手を傷つけます。優しい言葉、労《いた》わりの言葉は相手を傷つけます、と亀井さんは書いています。

スポーティーな格好なんかして、「あんたどうしたんや、しっかりしなよ」なんて言ったら、相手はしっかりしとったら、寝とらへんよって言うでしょうね。そして見舞いに来たと思ったら、もうスポーツ大会に行かんならんって帰って行く。いったい何をしに行ったんかということになりますね。よほど気を付けなきゃ、かえって相手を傷つけに行ったようなもんですわ。しかも「そういうのが宗教家には多いのです」って亀井さんは書いていますよ。ギクッとしますね。

越前　その通りですね。だから、宗教家は偽善者って言われる。綺麗事だけ言っているから。

西村　そうでしょう。だからね、愛の行為とか言って簡単にするのも考えもので、された人に失礼ですよ。

越前　そういうことですね。

西村　あのね、昔、明治時代に西山禾山《にしやまかざん》という禅僧がいたんです。禾山玄鼓《げんく》っていうて有名な人ですけどね。若い修行僧がその禾山老師の傍に行って修行したいと思った。それが、うるさいからね、禾山は京都から八幡浜の方に逃げられたんです。それを、追っかけて行った弟子が数人いてね、禾山老師が断られるもんだから、その村の神社の拝殿の縁の下で寝起きしてね、昼間は村を托鉢《たくはつ》して、食べるお米を集めて、朝晩禾山老師の所へ参禅に通ったんです。

参禅というのは、老師から貰った公案《こうあん》（問題）を坐禅して答えを出し、老師に提出することなんです。それを入室参禅《にっしつさんぜん》と言うのです。禾山老師が、よしそんなに頑張っておるんなら、わしも一緒に托鉢に行ってやろうと、自分が先頭に立って四～五人の雲水を引き連れ、一列になって托鉢をした。

托鉢を終わってお寺に帰って来る途上、坂道へ差しかかった。そうすると一人の人が車を引いて坂道を登って行くのに出会った。すると一番後ろを歩いていた加藤晁堂《ちょうどう》という新米の僧がすぐに駆け寄って、その車を押してやったんですね。

その時に禾山老師が、振り返られてそれを見たんです。お寺に帰ると老師が晁堂を自室に呼びつけ、「貴公はもはやここにおる必要はない。帰れっ」と言って破門されたんです。仕方がないから晃堂さんは、門の所で何日も坐禅して、お許しを乞う門宿をしました。

それを見て老師はやっと晃堂をお許しになったという話があります。私はそれをペンデルヒルに留学しているとき、友達のアメリカ人に送られてきた原田祖岳という曹洞宗の偉い老師の『大雲祖岳自伝』で読んだんです。

そしてクエーカーの人たちにその話をしたんだけど、誰もその真意が分からなかった。帰って来まして、たまたま鈴木大拙博士と南禅寺で湯豆腐食べながら、その話をしたんです。鈴木先生は、うん、うん、うんって聞いておられたんですが、しばらくしたらね、九十五歳の先生が目頭押さえて泣いとるんですよ。湯豆腐だけが、グツグツ踊っているんです。私は何か失礼なこと言ったんかなと思った。

そしたらね、鈴木先生は、「いや、西洋人とて老師のご親切が分からんわけはない」と言って泣いてるんですよ。つまりそんなことが分かってくれないとなると、自分は半生を掛けて禅を説いてきたが、その努力が無になるわけです。禅の一番いいところが分かってくれないとね。

私はこの話を新版の『鈴木大拙全集』の月報に、「老博士の涙」と題して書きました。それを読まれた奥村一郎神父がやたら感心してね、それをフランス語だったかに訳されて、一気に世界的に有名になった。この話。本当ですよ。

誰だって人を助けたら、ようやった、お前えらいいって言うでしょう。いかに修行者とはいえね。私その後に亀井勝一郎の『愛の無常について』を読んだ。

これどういうことだと思いますか。つまり、中途半端に人を助けるものではない、助けてあげるとか、可哀想だとか何を言うんだ。自分がどんなに惨めな存在であるかということを、ほんとに知ってる者だけに、他人の惨めな気持ちが分かるのだ。苦しさも知らない者が、簡単に他人に同情してどうなるか。

だから私はね、よくありがちな新興宗教なんかのチャリティね、一寸疑問に思うんだけど。外国で震災があったとき、せっかく集めた毛布が海岸に積んであったとか聞くとね。

というわけで私は、いつも学生たちに言いました。友達の病気見舞いに行くときなんか、なるべく普段着で行きなさいってね、そして病人がちょっとゴメンね、とお便所なんかに行ったら、僕だったらそのベッドに潜り込んで。そしてこうやって天井なんか眺めて、汚ねえ天井やなあ、雨漏りの跡があるなあとか、このカーテンもっときれいなのにしてくれたらいいのにねえとか。ま、そういうふうなことが、病人の慰めになるかもね、と私はよく学生に言いました。特に社会福祉の学生に。

いったい援助の手はどこから出ているか、やはり人間存在の悲しさから出た手でないと、人は助けられないぞってね。

◆善いサマリア人

越前　そういうことが、難しい問題ですね。そりゃ、禅宗なんかの場合は、そうスパッとね、慈悲、慈悲っていうのは、仏さまの愛ですからね、スパッと言えるけど、キリスト教の場合はやっぱりこう、人をどのように愛するかというのが問題でしょう。

まずここでは隣人愛というテーマになっているけど、その愛というのはね、今、西村先生が仰しゃったように、ほんとに悩み苦しんでいる人に手を差し伸べるというのが、最も深い愛かも知れませんけど、要するに共感する愛ですからね。

でもやっぱり、困っている人が困っているなら、自分が助けられるなら助けようということは、亀井勝一郎先生のように傲慢だと決めつけられちゃ、やっぱりちょっとキリスト教徒はね、本当にそうかなって、思うんじゃないですかね。

西村　うーん、ねー。

越前　私は西村先生が言うようなことに、ああそうだろうなって、私もだいたい親切なほうじゃないですから。人に情けを掛けるもんじゃないと思っていますが、私自身は。

西村　いかんでしょう、それは。

越前　人を助けるというのは、相手がそれを望んだときで、でしゃばって人に何かしてあげるということはあまりしません。それより、自分のことは自分で助けなさい、ということがある。私自身子供のときから、自分のことは他人の助けを借りないで、自分でやって来ましたから。

西村　やっぱりそれはね、神父様の独身制のもたらす災いですよ。やっぱり、それは水臭いんじゃないの。

越前　まあ、そうかも知れません。

西村　まあ、神父さんは独身だし、家族の面倒はないし、皆んなが神父様、神父様ってやるから、人に同情するようなことって出来ないんじゃないですか。たとえば早い話、お金が無いっていう話。神父さんにはある程度お金はある。けど、本当に自分で食べている人は、貧乏といえば本当に貧乏ですよ。だから屋台引いてラーメン売ってる人の気持ちなんて、まず分からないと思います。

越前　分からないでしょうね。

西村　そういう人に対しての隣人愛は、どうするんですか。

越前　どうするんでしょうね。

西村　だから、やっぱり問題を含んでますよ。

越前　私は、愛してるとは思ってないから。もちろん憎んでもないし、嫌っているわけでもないけど。

西村　うん。

越前　大いに隣人愛を実行しているという意識は、全く無いから。

西村　隣人愛って、側の女の子だけ愛したらあかんよ。

越前　そういうことじゃなくて。

西村　違う人も愛さなきゃ。わっはっは。

越前　ただね、日常生活の中で好きか嫌いかは別にしても、集団生活をしていると、やっぱりこう、適当な言葉とか態度とか必要じゃないですか。

西村　うん。

越前　だから、好悪の感情は別にして、接する相手に害を与えない。むしろ善いことをする。そういう努力をすることが、日常における愛だと、私は思っているんです。当然そこには忍耐や自己放棄がありますよ。だから、慈悲の愛をもって愛することだけが愛ですよ、と言われれば、そうなんだろうけど、難しいですね。

キリスト教が教える隣人愛というのは、好きだという愛の感情に促されて人に善いことをするということだけではなく、助けを求めている困った人びとに無条件で手を差し伸べることだと私は思います。具体的に、この場合、こういうふうな人を助けるとはどういうことかを賢明に判断し、しかも自分の出来る範囲内で援助し、協力することが隣人愛ではないかと考えます。ですから、ケースバイケースでしょう。

何か原理に基づいて行動するということではないでしょう。禅宗のお坊さんが弟子に取る態度も、みな同じではないでしょう。人はみな違います。その人に合った助けを与えることが、本当の隣人愛ではないでしょうか。その人に本当に合った助けこそ、その人に裨益《ひえき》するのではないでしょうか。だから、隣人愛の観点から言うと、何が良くて何が悪いかを判断するのは、易しいことではないでしょう。隣人愛の話で福音書から引用されるのが「善いサマリア人」の譬え話ですよね。

西村　はい、よく聞きます。

越前　これは譬え話ですけど、ある旅人がエルサレムからエリコへ下って行く途中、道端に強盗に襲われて半死半生の目にあって倒れていた人がいました。それを見た旅人は、ああ可哀想にという憐憫の情を起こし、出来るだけの手当てをして、その人をロバに乗せ、宿屋に連れて行き、介抱しました。そのあと、しかるべき銀貨を宿屋の主人に与え、医師を呼んで介抱するように頼みました。不足した分のお金は、帰りに支払います、と言って旅立っていった。

でもその前に、その道を二人の人が、一人はいわゆる律法学者、要するにユダヤ教の教師が通りかかったが、知らん顔して、反対側を通って行ってしまった。次にあのレビ人といって、神殿に奉仕する人も、強盗に襲われた人を見たんだけど、何もしないで通り過ぎていった。ところが、あとから来た旅人は、サマリア人であったにもかかわらず、可哀想だと思って助けたのです。サマリア人とユダヤ人は犬猿の仲なんですよ。そこで、イエスは、質問をした律法学者に向かって、「あなたはこの三人の中で、誰が強盗に襲われた人の隣人になったと思うか」と尋ねます。すると、彼は、「その人を助けた人です」と答えました。するとイエスは、「行って、あなたも同じようにしなさい」言われた。（ルカ10：29〜37参照）

西村　八木誠一さんなんかがよくされる話ですね。

越前　ま、敵ってほどじゃないけど、要するに、二千年前のサマリア人にとっては、ユダヤ人は、敵みたいなものですよね。

西村　あ、そうですか。

越前　それでも、困っている人が敵に相当するユダヤ人であろうと、困っているんだから助けようということで、自分のロバに乗せて、エリコの宿屋に連れて行ったんです。だから、イエスが譬え話をされて、その律法学者にこの三人のうちで、誰が隣人愛を実行したのかと問われたのです。すると彼は、強盗に襲われた人を助けた人だと答えました。すると、イエスは、「あなたも同じようにしなさい」と言われました。

西村　うーん。

越前　あなたもそのように実行しなさいと、イエスは答えられたんです。「善いサマリア人」の譬え話を、隣人愛の話として、神父たちはよく言います。だから人が困っているのを見たら助けなさいって。

私は、亀井勝一郎先生に若いときに、ご自宅でお目にかかったことがありますが、純粋な動機で、自分がほんとに初めて共感したときに、人に良いことをするというのも、純粋だと思うんだけどね。

西村　格好良すぎるね。

越前　格好良すぎるって話じゃないけど。もし道端で追いはぎに襲われた人でも、自力でエリコの町まで行って、宿屋に投宿出来るなら、助ける必要はないでしょう。かえって先方は有難迷惑と思うかも知れないから。ほっといてもいいと思いますよ。そこまで助けてあげる必要はないんじゃないかと思うけど。

しかし、宣教師たちは少しお節介で、隣人愛というのは、困っている人を助けることだと、仰しゃるんです。

西村　それは普通の倫理道徳でしょうね。

越前　そう、倫理道徳ですよ。

西村　ところが、それを超えるところに宗教の世界があるんですね。

越前　そういうのは、西村先生の……

西村　持論やけど、それではこの世はやっていけんわね。

越前　仰しゃる通りです。

◆人の助け方

西村　隣人性がないと、これはまたあまり高度過ぎるわ。

あのね、唐の時代に龐居士《ほうこじ》という人がいたんです。この人は、馬祖道一《ばそどういつ》という禅僧について、禅の修行していたんです。居士っていうのは、坐禅をしている在家の人のことですね。この人がある時ふと思うことがあって、家の全財産を船に載せ、洞庭湖へ行って全部沈めてしもうたんです。そして自分の家をお寺にして、家族中で皆んなで禅に没頭していたんです。

何をして飯を食ったかというと、笊《ざる》を作ってそれを売って生業を立てていたんです。ある日、龐居士と娘の霊照女《りんしょうじょ》が笊を売りに行った帰り、お父さんが齢のせいで、躓《つまず》いて道にひっくり返ったんです。すると霊照女が、お父さんの横へ駆け寄って自分もバーンと、ひっくり返ったんです。お父さんが「霊照や、何をするんじゃ」と言ったら、「お父さんを助けてあげたのよ」と答えたんです。

するとお父さんは起き上がって、「幸いに、人の見ることなかりき」と答えたんです。誰も見なくてよかったわい。これが娘を褒めたお礼の言葉です。これは『龐居士語録』という語録に出ている話です。

倒れた人の起こし方に二つありますね。一つは、倒れた人に駆け寄って、あなた危ないじゃありませんか、と言って手を出して助ける。しかし今の話は、倒れたお父さんの傍に、パタッと倒れていった。それが助けたことになるというわけです。

苦しみを助けてあげようと思うのも大事だけど、お金あげるってことも大事だけど、その人の苦しみと同化する、その人の痛みと同化することも一種の助けである、ということでしょう。だからお父さんの方も、助けてくれて有難うなんて言いませんよ。娘に対するお礼は、「年寄って情けないことじゃわい」です。「幸いに、人の見ることなかりき」、なかなかいいですね。

これは典型的なデモンストレーションで、そうかといって道で倒れた人の傍に行って、私も真似して一緒に倒れたら、お前阿呆かってなりますよね。この話はアイデンティフィケーション「同化」であって、パーティシペーション（関与）とは違うんですね。そういう心をいつも持っていることが大切ですね。困っている人を見たら、すぐああ可哀想に！　じゃない。

越前　そういうことですね。

西村　それが知恵と慈悲のセットということなんです。知恵の無い慈悲はダメ。

越前　その通り。
西村　得《え》てしてあることですけど。善いことと相場が決まっていて、それを定形パターンでやるのは、かえってやり易いですね。倫理道徳の教える通り。しかし、その人が本当に、どうして泥棒に入ったんかと。いきなりダメじゃないかでなくて、どうして人の物を盗みに入ったかということも、よく聞いてあげたあとで、盗みはダメだと戒めないと、のっけから自分は盗みなんかしないぞと、まるで君子みたいな顔して諫《いさ》めるのは良くないというわけですね。
勉強出来ない子供に勉強出来ないからといって無闇矢鱈《むやみやたら》に叱りつけるよりもね、この子の親は誰だろう。私じゃないかと。私さえ賢ければ良かったのにってね。そういうところから子供の勉強を支えてやるほうが、子供にもジーンとくるね。チョットしたことです。
越前　西村先生が仰しゃるように、同じ気持ちになるということは共感ということで、言葉で言うのは簡単なんだけど、実際に共感するということは非常に難しい。特にあの、幸福に暮らしている人がそうでない人を見たときに、お金をあげたり、物をあげたり、手を差し伸べて助けることは出来るけど、共感するってことはなかなか難しいと思う。
西村　そりゃ、難しい。それは、難しい。
越前　だからね、はっきり言うと、カトリックの神父で、イエズス会員で、修道院で暮らしているると、まあ、何も困ることないよね。それが困ってる人を助けるというときにはさ、あのやっぱり、教会に来るような人で困ってる人をさ、「助けてあげましょう、恵んであげましょう」って言える。そういう感じですよね。

西村　うーん、ね。

越前　だから、そうやって一時は信者も増えたかも知れませんけど、たぶん人間っていうのは、そうやって助かればそれでいいのですが、それよりもっと大事なことは、感情だと思う。自分が認められたとか、大事にされたとかね、共感されたとかいうことのほうが、もっと本人にとっては、大事なことなんじゃないかと思いますよ。それを西村先生は先ほどから、いろいろ例を引いて仰しゃっているんじゃないかなって、思いますけどね。

だからね、やはり気持ちというか、感情ですよね、やっぱり。それが結構難しいんですよ、われわれ神父にとってはね。まあ独身だってこともありますけど。これが独身でなくて結婚していたら、そりゃ分かるでしょう。子供がいて、孫がいたら。それがまた出来が悪いときたら大変でしょうね。

西村　そこを神父さんは、ご存じないわけや。

越前　そりゃ、そうですよ。経験してないから。

西村　神父さんはよく出来る信者さんを相手にしてるけど、もし自分の子供が阿呆だったらどうしますか。

越前　本当よね。

西村　どうしようもないよ。越前さんも嫁さん貰わんでよかったけど、うっかり変な嫁さん貰ってたら、どうしようもないで。神父さんがそういうどうしようもない夫婦の家庭の中に入っていくためには、ある程度その夫婦の日常の俗な生活の最底のことも知っておくことが大事なんじゃない。

越前　そういうことでしょうね。

西村　だから問題はね、パーティシペーションでなくて、アイデンティフィケーション。悩んでる人と同化出来ないと、関与ではダメだもんね。

越前　ま、今度生まれてきたら、考えることにしましょう。

西村　そうしなさい。今からでも遅くないから結婚したらどうですか。いい神父さんになれますよ、きっと。ごめん、ごめん、馬鹿なこと言って…。気を悪くしないでよ。

Ⅷ　人間は罪びとか

◆人間の本性について

西村　キリスト教の方では人間は罪びとと仰しゃっていますが、それは仏教徒から見ると、とんでもないことですわね。なにせ仏教では人間だけじゃなくて、「一切衆生《いっさいしゅじょう》、悉有仏性《しつうぶっしょう》」と言いましてね、生きとし生けるものはすべて例外なく「仏性」という尊いものを持っている、と説いているんです。

ちょっとお釈迦さんの話をさせてもらいますとですね、お釈迦さんは二十九歳のとき、王位を捨ててお城を出て山に入り、バラモン教のやる伝統的な苦行を六年間やったんです。

それはもう断食、断水、しまいには息も止めて死人同様になるまでやったんです。だから骨皮筋ヱ門になってしまった。私は二十年ほど前に大阪の万博公園に行って、本当にあばら骨の出た「苦行仏《くぎょうぶつ》」の像を拝みました。

これはパキスタンの国宝らしいのですが、日本に持ってきて見せてくれたんです。とにかくお釈迦さんはそんな命がけの苦行を六年もされたんですね。そしてこれはやっぱりよくない、こんなのは人間のやることではないと、苦行を捨てられたんです。これは三十五歳のときですね。

この苦行を捨てたということは、ここで古代のインドで伝統であったバラモン教とはっきり手を切ったということですね。バラモン教ではヨガを組む修行によって、死んでから後に天に生まれることを願ったのです。彼らは人間の中には、身体とは別に、生死を超えた永遠不滅の実体があると信じて、これを「アートマン」と呼んだんです。

漢訳ではそれを「我《が》」と訳しています。このアートマンというのは、人間に限らず、眼に見える存在なら樹でも石ころでも何でもその中にあって、石なら石のアートマンがこの石を存在させているというのですから、難しく言うと「実体論」というやつですわ。

存在の根拠がこの存在その物の中にあるんですからね。で、カメラならカメラの中にある。カメラのある理由は、カメラのアートマンがその中にあるからだ、というわけですね。人間にももちろん一人一人の中にアートマンがあるんです。インドでは今でも火葬です。死んで火葬すると、この肉体からアートマンが解放されて、シューっと煙に乗ってお月さまの所に行くんですね。で、お月さまに行くと二つ道がありましてね、神の道というのと祖先の道というのが別れているんですって。神の道を辿ると天国に行けるんですけど、大概の人間はまた雨に乗ってね、この世に落ちてくる。そして大地に吸い込まれて、五穀の中に入って地上に再生する。それをたとえば、牛なら牛の雄が食べるんです。そして雄から雌に移るんです。それで雌のお腹の中で、なんと十か月滞在してまた牛として生まれてくる。

このようにいつまでもクルクル繰り返す。これが私たちの聞いて知っている「生死輪廻《しょうじりんね》」というものです。生きたり死んだりして、これを永劫に繰り返す。これは苦しみそのものです。こんな苦しみありますか。

この生死輪廻の苦しみから解放されるためには、ヨガをしっかり組んでね、自分の中にある「アートマン」と、宇宙全体の根本である「ブラフマン」、日本語で言う「梵《ぼん》」ですね。それと「我《が》」を一つにする、いわゆる「梵我一如《ぼんがいちにょ》」にならなければならん。これがバラモン教の教えですわ。そのために苦労して肉体をいじめてヨガをするらしいんですね。ヨガというのは結びつけるという意味らしいんです。

だから、私の中にある永遠不滅の実体と宇宙の実体とを一つにする。そうでないといつまでも生死輪廻を繰り返さなければならない、こういう教えの構造ですね。これは一種の超越論ですね。天国に行ってもうこの世へ下りて来ないようにするという、バラモン教は現実逃避主義の超越主義なんですね。これはキリスト教が天国に生まれることを願うというのと同じですね。

やっぱりアーリア民族としてインドとヨーロッパは流れを一にしているからでしょう。コーカサス山脈の方からアーリア民族がずーっと南に下りて来たとき、地中海の方に向かって下りて行く連中と、インドの方に向かって下りて行くルートとに別れた。今でもヨーロッパ諸国の言語と、インドのサンスクリットはよく似ていますね。そういうわけですから、今、世界的に仏教に関心が高まって、皆んなが仏教学を勉強するようになるとね、日本人なんかさっぱりダメですよ。なんせサンスクリット語が難しいんですよ。ところが、西洋人たちは同じ語系の言葉を使っているからサンスクリットなんかすぐ解るんですなあ。

インドの中に入って来たアーリヤ人は、ドラビタ族というインドの原住民を南の方へ追っ払って、自分らが北のインドを占領したんです。

ところでお釈迦様はそうやって苦行して肉体を苛《いじ》めて苦労された。なぜ肉体を苛めるかというと、せいぜい肉体を苛めて精神を身体から解放しようというわけですなあ。この考えの元は「身心二元論」というやつです。

現代では心身と心を先に書いとるけど、やっぱり身心と身を先にしたほうがいいと私は言っています。なんせ母体から生まれてくるのは身体で、心はあとになって出来るものだからです。人間も老いて死が近づくと、精神がぱーになって身体だけが棺桶に入るでしょう。精神を肉体から解放する。これはギリシャのプラトンの身心二元論が典型的ですね。

プラトンによれば魂がこの世界に下りて来たときに、肉体の牢獄に閉じ込められたという発想ですね。身体を苛めて霊魂を解放するという発想ですね。お釈迦様も西暦前五百年くらいに生きた伝統的なインド人です。お城を出てから六年間苦行をやって精神を解放しようとしたんですが、どうもこれは違うと思いまして、苦行の山を下りて来て、尼連禅河《にれんぜんが》という川で、沐浴《もくよく》しまして、痩せた体を浄めたのです。すると向こうから壺を頭に乗せた女性がやって来たんですが、その娘が壺の中に乳粥《ちちがゆ》を持っていた。その乳粥をもらって身体を養ったんです。その女の子をスジャータって言うんですよ。新幹線のミルクはスジャータって言いますもんね。

それで今までは身体を虐《しいた》げたけれども、今度は身体を大事にして菩提樹《ぼだいじゅ》の下にしっかり坐りなおして、ヨガではなくて深い「禅定《ぜんじょう》」に入られた。そして「十二因縁」というものを観想されたんです。「因縁」などというと、クリスチャンの人は、そりゃ何だと思うでしょう。

十二因縁というのは、一番の苦しみは生死《しょうじ》だと考え、どうしてこの生死という苦しみが起こっているのか、という苦しみの原因を十二項目トレイスバックすると、十二番目に「無明《むみょう》」というところに行き着くんですね。無明、つまり明るくない、真実に明るくない。真実に気が付かない。それが原因して十二の連鎖を通って、最後に生死という最大の苦しみになる。だから、無明、つまり真実に明るくないということさえ解決すれば、この生死の苦しみから根本的に解脱することが出来るとまあ、こういうことをお釈迦さんは菩提樹の下に静かに坐って順観、逆観されたのです。

その結果、お釈迦さんはお悟りを開かれた。そして「奇なるかな、奇なるかな、一切衆生、生きているものは動物も虫けらもすべて、仏と同じ智慧徳相を持っている。煩悩という迷いのためにそれが分からないだけだ」と、こう宣言されたんです。これが仏教教理の根本です。だから煩悩を除くということが一番大事です。罪ということについては、仏教では後になって説かれるようになりますが、とにかく人間は生まれながらに仏性を具《そな》えている、人間はみな自分で気づいていないけれども、例外なく「仏性」を具えているというのが、仏教の大原則です。

「雲晴れて　後の光と思うなよ　もとより空に　有り明の月」というのは、そのことを歌ったものなんですね。どんな人も尊い仏性を持っている。ただ、それが煩悩によって覆《おお》われていると。だから煩悩さえ払えば、初めから仏性があるんだと。だから雲を払えばこのお月さまがあったんだということですね。

まあ、そういうことで仏教は貫いております。つまり性善説なんです。人間は絶対に罪びとではないのです。素晴らしい仏性を具えている。それを自覚さえすればいいのです。

ちょっと有名な話を加えておきますと、中国は唐の時代に、趙州《じょうしゅう》という和尚がいまして、ある小僧さんがお釈迦様はすべての衆生に仏性があると言いましたが、この犬にも仏性が有りますか、と言って犬を指さした。「狗子《くし》に還《かえ》って仏性有りや」と聞くと趙州が、「無ー」と答えたんです。一切衆生に仏性有りと説いてあるのに、なぜ趙州はこの犬に仏性が無いと言ったのか。さてこの無はどういう意味かっていうのが、禅の修行に千七百ある問題、これを公案と言っておりますが、その第一問です。無字の公案と言って、いったい犬に仏性は有るのか無いのかという、難しい問題です。

◆仏教徒の願い

有るとか無いとかいうのは煩悩ですね。有りもしないことを、あれこれ考えて悩む煩悩。煩悩がいわば罪ですから、煩悩は払わなくてはならない。それで、「四弘誓願《しぐせいがん》」と言って仏教徒共通の願があるのです。四つの誓いです。

一番にですね、「衆生無辺誓願度《しゅじょうむへんせいがんど》」、限りない衆生がうようよ、そこら辺にいる動物から植物も、人間もそうですね。衆生は限りなくいるけれど、誓いを立てて、それらをすべて救うということです。「度」はサンズイを付けると渡るという字でしょ。悟りの彼《か》の岸へ渡さなければならない、という誓いです。河の向こう岸は彼岸《ひがん》ですね。彼岸は悟りの岸です。で、こっちは此岸《しがん》。この此岸は迷いの岸です。

その迷いの此岸から悟りの彼岸へ渡る、そういうイメージです。だから救うことを済度と書くんですね。度《ど》するということは救うということ、衆生を済度する。済度の済も、渡し場という意味です。

衆生無辺誓願度の次は、「煩悩無尽誓願断《ぼんのうむじんせいがんだん》」です。煩悩は悩み苦しみです。その煩悩は無尽です。人間である以上、もう煩悩の塊りですね。ああじゃこうじゃと迷うのが煩悩です。煩悩は無尽だけど、誓いを立ててすべて断ち切りましょうと。最初にまず周りの人を救おうという願が第一。そして第二が自分の問題です。他を救うという願いが先に来ています。キリスト教で言う愛の問題ですね。

そして三番目が「法門無量誓願学《ほうもんむりょうせいがんがく》」です。やっぱりキリスト教だけではなくてね、仏教も教理というものを大事にするんですよ。それを「法門」と言う。測り知れないほどの教えが説かれている。インドのサンスクリットから中国の漢字に訳されたお経だけでも、実に五千四十余巻って言うんです。たくさんの漢訳経典がありますね。これを法門と言うんですね。法門は無量だけど、誓いを立ててすべて学びましょう、これが三番目。

それから四番目は「仏道無上誓願成《ぶつどうむじょうせいがんじょう》」。仏の道はどこまでやっても限りが無いけど、誓願して達成しましょうとなるんです。とにかくこの四つの願を「菩薩の大願」と言うんです。これが仏教徒共通の願いです。これでほぼ基本的なお話をしたと思います。

人間は罪びとかどうかというテーマですが、二百五十年前に日本の臨済禅を中興した白隠《はくいん》禅師という方が作られた「坐禅和讃《ざぜんわさん》」という道歌があります。日本語で書いた歌だから「和讃」と言います。その冒頭に、「衆生本来仏なり」とあります。衆生は迷っているもの、悩んでいるもの、迷えるもののことです。「衆生本来仏なり。水と氷の如くにて、水を離れて氷なく、衆生の他に仏なし」と続くんです。

キリスト教で言えば、罪びとも元々、神さまだと。神さまなくして、罪びともいないじゃないかと。神さまを離れては罪びともいないじゃないかと。まあ、こういうことになりますけど、どうですか。それで今は亡き山田無文という偉い老師がこう説明されていました。

水も氷もH_2Oじゃ。ところが、そのはたらきを見るとまるで反対だと。氷を溶かしたら水になるのだから一緒のはずなのに、そのはたらきは全く違うじゃないかと。たとえば、水は物を育て養うものだ。断食しても水くらいは飲まなきゃ死んでしまう。ところが反対に氷は物を傷めるものだ。水は温かいが、氷は冷たい。それから水はどこまでも滲み込んでいくが、氷は滲み込むことは出来ん。「水は方円の器に従う」と言って、方は四角いもの、円は丸いもの。水は四角い器にも入るし、瓶のような円いものにもどんどん入っていきますね。水は器に従って自由自在に入る。ところがいったん四角に作られた氷というのは、もう一升瓶には戻りませんわ。同じH_2Oでも、これだけ働きが違うじゃないかと、まあそういうことを仰しゃったのです。うまいこと仰しゃったもんですね。

◆信仰と自助努力

越前　面白いお話を伺いました。私個人は、キリスト教の罪びと観というか、「創世記」の3章に記されている堕罪物語に基づき、人祖アダムとエバの犯した罪の結果、生まれてくる人間はみな罪びとである、という教えを肯定し、信じています（これが原罪観）。けれども、その前の1章、2章を読みますと、先ほども申し上げましたが、人間は「神の似像」（1：26～27）として創造されたとあります。

ということは、私個人の考え方なんですが、人間は本来、神が創造された神の子ではないかと思うんです。神の子ということは、つまり、神の本性に参与していることではないでしょうか。比喩的になるかも知れませんが、神の似像であるということは、あたかも親と子の関係みたいなもので、やっぱり、本性は繋がっていると考えることが出来るのではないでしょうか。

人間は神の子というと、仏教で言う「一切衆生悉有仏性《いっさいしゅじょうしつうぶっしょう》」に通じるものがあるのではないでしょうか。カトリック教会は、主イエス・キリストの十字架の死と復活の結果、人類の贖罪が達成されたと説きます。したがってそれを真実と信仰する人には、主なる神は人性しかない人間に「神化」という恩恵をお与えになった、と教えています。「神化」というのは、人が神に成るということですが、神学的には、正確を期して、人はキリスト教の信仰をもって洗礼を受ければ、神の「養子」となる恵みを賜わる、と教えています。

私はいつも思うんですが、神の御子（み言葉）は人となって（これを受肉の神秘という〈ヨハネ1:14〉）イエスとなられた。このマリアの子イエスが父なる神の御心《みこころ》のままに、受難と死をお引き受けになり、三日目に栄光の身体で復活され、救い主キリストとなられました。だから、人間イエスには、父なる神の御子としての神性と、マリアの子としての人性が共在しているのです。ゆえに、ナザレのイエスは神であり、人であると言えるのです。

これとの関連で、主キリストを信じる人たちは、ペルソナ（人格）は唯一ですが、本性は二つあると考えられるのではないでしょうか。つまり、私は人であり、神でもある、と言えるのではないでしょうか。そこでよく思い出すのですが、白隠さんのお話じゃないけど、水と氷の譬えですね。仏教では煩悩と言うけど、それをキリスト教の場合は罪業と言っていると思いますが、氷が溶けると水になる。人も罪業がなくなれば、真人《しんにん》（真の人）すなわち神人（神の人）になるのではないでしょうか。これは私が瞑想の中で個人的に考えていることです。

「創世記」の3章にある堕罪物語を基に、罪業の問題を神学的に理論化したのが、西方教会（今のローマ・カトリック教会）を代表する五世紀の偉大な教父であり神学者の聖アウグスティヌスであると言っていいでしょう。人間は生まれながらにして罪びと、つまり神から離反している存在に過ぎない。けれども、多少、自力で人間的、自然的な善行は為し得るが、神の御心に叶うような超自然的（神的）な善行は為し得ない、と言う。

教会は、人々が神の国すなわち永遠の命に救われるためには、神であり救い主であるイエス・キリストを信仰し、洗礼を受けなければならない、と教えているのです。

西村　それは信仰によって救われるんですか。自助努力では出来ないんですか。

越前　自助努力は前にお話ししましたけど、永遠の救いは、主なる神のまったき恩恵として私たちに与えられるものです。ですから、救われるためには、主キリストを信仰しなければなりません。それと自助努力はどういう関係にあるかというと、こういうふうに考えたらどうでしょうか。

自助努力というのは、救いの原因にはなりませんが、縁起の縁みたいなものと考えることは出来るでしょう。つまり条件にはなるでしょうね。あなたが働いてくれないと、収穫はないでしょう、いくらあなたでも。すべては神からの恵みであり、呼びかけであると、教えられていますが、人が神のその呼びかけや招きに、自由に自発的に応答しなければ、いくら神といえども、人であるあなたを救うことは出来ないでしょう。

聖アウグスティヌスはこう言っています。「あなた無しにあなたを創られた神も、あなた無しにあなたを救うことが出来ない」と。人はロボットでも人形でもありません。知性と自由を備えた人格です。全知全能の神でも、こうした創造物であるあなたという人格（ペルソナ）の行動を強制することはされません。自由な人格として創造されましたから、神のはたらきが先行するとしても、それに応答する必要があります。これが自助努力と言えるでしょう。

神の招きに、〝ハイ〟と答えること、これが信仰です。救われたいがために、主よ、助け、救って下さいと祈願することも自助努力ではないでしょうか。これこれの善行をしなければ、あなたは救われない、と言えば、条件付きで神が人を救うことになります。こうした条件付きの救いは、神と人間の関係を考えるときに、あり得ません。神は人々を無条件に愛されているがゆえに、無条件に救おうとなさっています。けれども、人間はそれを知り、信じていかなければ、どんな人でも救われることが出来ないでしょう。これが信仰によって救われる、という意味です。

だから、何か善いことをしなければ救われないと言われたら、誰が救われるでしょうか。人はみな宗教的、道徳的には弱い人間なのです。煩悩があり、罪業があるからです。聖パウロは、新約聖書の「ローマ書」の中でこう書いています。「正しい者はいない。一人もいない。悟る者もなく神を探し求める者もいない。皆迷い、だれもかれも役に立たない者となった。善を行う者はいない。ただの一人もいない。云々」（3：10〜12）と。

ではどうしたら、人は義とされ救われるのか、というと、聖パウロはこう書いています。「今や律法（ユダヤ教の宗教と道徳の規律）とは関係なく、しかも律法と預言者によって立証されて、神の義が示されました。すなわち、イエス・キリストを信じることにより、信じる者すべてに与えられる神の義です。そこには何の差別もありません。人は皆、罪を犯して神の栄光を受けられなくなっていますが、ただキリスト・イエスによる贖《あがな》いの業《わざ》を通して、神の恵みにより無償で義とされるのです。云々」と。（3：21〜24）

人間が、罪を赦され、神の前に義人とされて、神の寵愛と恩恵を受けられるのは、イエスを主キリストと信仰することによってなのです。それが神のお定めになった救いの法なのです。それ以外にはない、とキリスト教は教えているんです。

西村　そういう教えですか。

越前　これがカトリック教会の教えなんですよ。私自身は、もちろんカトリック信者ですから、それを信じています。けれども、人間の性は善か悪かという論争になると、今の私自身は、性善説的な理解の仕方をしています。というのは、人間には確かに煩悩もあり、業（カルマ）もあり、道徳的弱さもあります。それは事実です。しかし、人間性の本質は、神の似像ですから、本来、聖にして尊く完全なものではないでしょうか。したがって、やっぱり善だと思うから、性善説なんです。

じゃあ罪って何かと言ったら、神学的には、自由意志をもって神から離反すると決意し、それを実行するとき、罪を犯したことになります。しかし、現在の私には、明らかに神のご意志に反しようという意志はないけれど、怠惰《たいだ》や弱さによる過失は毎日、たくさん犯していると思います。これは日常生活の体験から出た反省の言葉として受け止めて欲しいのですが、今の私は無知や忘却も広い意味で罪ではないかと考えているんです。

西村　忘れるって。ちょっと難しいな。教えて下さい。

越前　西村先生もギリシャ哲学を勉強なさったと思うんですけど、古代ギリシャにソクラテスの弟子でプラトンという哲学者がいますね。プラトンは有名なイデア論を展開していますね。イデアというのは理念ということですが、イデアの世界とはいわば今の天国と想像してもいいでしょう。完全な真実と愛の世界と言ってもよいでしょう。人間の魂は、生まれてくる前に、このイデアの世界に住んでいたと、プラトンは書いているんです。

そこではイデアの世界の知識や情報が全部、魂の中にインプットされているというんです。ところが、この世に肉体を持って生まれた瞬間に魂は、その知識を全部忘れてしまったというんです。だから人は暗黒のトンネルの中で生まれ、育ち、暮らしているようなものだというのです。だから、プラトンは肉体を魂の牢獄のように見なしていたのです。その肉体から離れると、人間の魂はイデアの世界に帰るという。

これはカトリックの教えではないのですが、プラトンの思想はギリシャ文化の一つの中核としてカトリックの思想家に影響を与えたことは間違いありません。アウグスティヌスなどもそうです。私でさえ若いときには、肉体を蔑視し世俗を軽蔑しました。現在は違いますけど。「ヨハネ福音書」の冒頭には、「言（言葉）は肉となって、わたしたちの間に宿られた」（1：14）とあります。神の御子が肉体をお取りになって、私たちと同じ人間になられました、とあるわけだから、正統なカトリックは、決して肉体蔑視ではないのです。けれども、私はここでのお話と関連して、プラトンの想起説（アナムネージス）は重要な真理を含んでいるのではないかと思うんです。

それは、人間の魂が、現世に生まれた瞬間に、イデアの世界で知り、経験していたことをすべて忘れてしまった、とプラトンが言っていることは注目に値すると思います。なぜかというと、人の魂は本来、神の似像として完全であり、完璧であり、聖なる生命なのです。しかし、人はそれを忘れてしまって、肉体に宿ったときから、弱く、貧しく、不完全な現世を体験しているから、惨めな存在と考えるようになったと思うんです。

魂に生得的にインプットされている智慧を想起（アナムネージス）することが、プラトンによれば、救いなのです。これがプラトン的な宗教だと言われます。実は若いときに、こうしたプラトンの思想に大いに感化されたのが、アウグスティヌスなのです。昔は、彼は新プラトン主義者と見なされていたんです。私は神学者ではないけど、そう思います。

西村　あっ、えらいこと聞いた。越前神父は神学者じゃないんですか。

越前　私は大学の神学部で実践神学を教えましたけど、私は神学者ではありません。神学者というのは、ちゃんと神学博士の学位を取得して、神学部で教授として教鞭を取っている先生を指します。

西村　へえーそうですか。こりゃ面白い。またあとで聞かしてもらいます。

越前　仏教とも通じるかも知れませんが、人間の魂が本来、真実の自己や世界を知っているなら、それを思い出すことが安心立命に通じるのではないでしょうか。それが現世への欲、すなわち「肉の欲、目の欲、生活のおごり」（1ヨハネ2：16）のために、思い出せないんじゃないですか。それが迷いであったり、執着であったりする煩悩ではないでしょうか。だから、そういう私利・私欲・私心を捨てて、初めて真実の自分を思い出すことが出来るのではないでしょうか。仏教でいう悟りを開くとか、真実に目覚めるとかは、思い出すことではないでしょうか。

西村　でも、先生、悔い改めるって言うでしょ。

越前　悔い改めるっていうのは、自分が悪かったと自覚することなんです。自己認識なんですよ、そりゃ。認識が大事なんですよ。別に、私は禅宗の偉い老師を説得しようとしているわけじゃないんですよ。

西村　いやいや、説得してもらわなけりゃいかんですよ。そうじゃないと、これは本にならん。

越前　キリスト教の立場を言ってるわけですが。ただ教派によって、とらえ方は違います。プロテスタントの場合は、人間が本当に悪い、と教えています。つまり、原罪の結果、人間の本性は完全に堕落してしまったと考えています。

カトリックは、人間の本性は原罪の結果、傷つき、弱くなって、善を行うのが難しくなったとは言いますが、完全にダメになったとは言いません。自力で自然的な善を行うことは出来る、と教えています。ロシア正教会、東方カトリックはですね、原罪説はなく、人間の性は善であると教えています。

かつて学生のとき、日曜日、お茶の水のニコライ堂のミサに参加したことがあるんですけど、三時間も立ちっぱなしでしたが、聖歌も説教も明るく、美しく、素晴らしかったという印象を抱いています。それは人間の本性は善だと思っているからではないでしょうか。

西村　へえー、そういうのもあるんですね。

◆神父の発言の自由

越前　私たちはロシア人のことをよく知らないんですけど、ロシア人って非常に敬虔で、信心深く、典礼的だと思います。学生のとき、イタリア人の神父が東方典礼をやっていたので、他の友人と一緒に手伝いをして、ロシア語で賛美歌を歌いましたが、低音の美声ですね。信者の方々の声は。私に言わせると、西洋人よりずっと人間的だと感じます。

いまニコライ堂に触れましたが、そのミサは西方カトリックのミサと同じで秘跡ですけれど、パンとブドウ酒の両方を拝領出来るんです。感動しました。西方カトリックは、ご聖体の拝領はパンのみです。

ロシア人は、芸術的ではないかと思います。ミサの最中の聖歌は、楽器なしで、男性だけが歌うんです。まさに低音の美声ですね。ロシアから素晴らしい踊りとか音楽とか、いっぱい出てくるでしょう。芸術的だもの。西方カトリックの典礼より、ずっと厳かです。

まあ、とにかく、本来、カトリックは原罪物語を認めているのですが、キリストの死と復活を信仰することによって除去されたという立場です。今でも皆んな宗教のこと知らないでしょう。神さまのことも知らない、仏さまのことも知らない、何がいいか悪いかも分からない、これ皆んな罪びとの状態ですよ。現代の日本なんて。

それで、関心があるのが金とか物とか富とかだけじゃないですか。経済とか。こんなのを、堕落したひどい世界と言うべきじゃないですか。何が経済的発展ですか。それはこの世的なものでしょう。そういう意味でも人間は罪びとだと思うけど。

西村　やっぱり神父さんね、私が一番気になるのは、私はそう思う、と。ちょっとずれるけどなんて仰しゃるでしょう。場合によっては、それは、そう考えられないけど、と仰しゃるでしょう。そういう部分ね、神父さんですよ。ローマンカラーを着た神父さんですよね。その人がそういうことを言うことの出来る含みもあるんですね。

越前　どうして神父が自分の意見を言ってはいけないんですか。教会の公式の教えなどについて話すときには、公的な見解を言いますよ。しかし、ふだんの伝道や宣教の場で公式の教会の信仰宣言を踏まえてコメントや私の解釈や見解などは、いくらでも自由に話せます。言論の自由がありますから、自分の発言には責任を持ちますが、このことに関しては、私はそう思います。

西村　よう首にならずにおれますなあ。

越前　そう、私はこう思う、こう考えている、と言えば、教会の上長は非難しませんよ。いわんや教皇様は何も言いませんよ。

西村　教会の教えが間違っていると言えば、それはダメでしょうけど、教会はこう教えてるけど、私はそう思わん、なんて言えるんですか。

越前　言えるよ！　それは私の個人的な考えだから。教会の教義に関することだったら勝手なことは言えませんよ。それは当然でしょう。私も神父として公人ですから。

西村　教会の教えが、こう、間違ったことを言えばペケだけど、あなたは、教会はこう教えてるけど、ワシはそう思わんのだけどは、言えるんですね。

越前　言えますよ。それは私の個人的な考えですから。

西村　あっ、面白いね。それも初めて知った。

越前　本当ですか。

西村　私は、神父さんは皆んながんじがらめか、と思ってた。

越前　そんなことはありませんよ。

西村　いやぁ、傀儡《かいらい》だと思ってた、ほんとに。

越前　とんでもない。私は自由ですよ。聖書にも、「真理はあなたを自由にする」と言うじゃないですか。（ヨハネ8：32参照）

西村　そうなんですか。

越前　そうですよ。長いことお付き合いしていて、そんなこと分かっておられないんですか。

西村　ほうー、そういうことを皆んなに知らしめなきゃいかん。そうすると、越前教ちゅうこともあり得るわけだ。

越前　まあ、教なんていう名は付けないけどもさ、まあ、「狂」の方ならあるかも知れないけども、「教」の方は無いですね。

西村　自分の信念は語っていいんですか。

越前　そうですよ。それが自分の信仰告白ではないですか。

西村　私はむしろ、そうあるべきだと思うからですよ。

越前　いやいや、そうじゃないよ。そう思っている神父が多いですよ。

西村　そうでしょう。

越前　だから、教会における説教のときは、たとえば聖書の教えを解説したり、敷衍したりしますけど、自分の意見を述べているわけではありません。

西村　だからね、越前神父さんの説教に与《あずか》るとね、まあ好きなこと喋ってるよ、これでいいのかと、仏教徒の僕でさえハラハラする。神父さんはもうそんなこと超えているわね。そんなもんじゃないですかね、なんて言ってね。それでいてよう首にならんことやと思うわね。

越前　それは「禅とキリスト教懇談会」におけるミサなので、いろいろな先生方がいらっしゃる。そこで「人《にん》を見て法を説く」で、聖書の言葉を借りてお話をしているだけです。何の問題もありません。

◆罪を赦す権能

西村　まあ、そういう人がおっていいと思う。西洋にもあるんでしょう、そういう自由な人が。それで結局人間は、エデンの園で罪に落ちたけど、それを悔い改めるということと、代受苦《だいじゅく》されるイエス様を信じることによって罪は無くなるんですね。

越前　罪が赦《ゆる》されるということです。むろん神がお赦しになるわけですから、清廉潔白になります。
西村　罪が無くなるんですか。
越前　要するに、赦されるから罪は無くなります。
西村　赦されるんですね。
越前　そうです。
越前　自分が犯した悪行を認めて、悔悛《かいしゅん》すると赦されます。もう少しフォーマルなお話をするとね、私はカトリックの神父でしょう。
西村　はい
越前　だから、罪を赦す権能を持っているんです。
西村　ほー。
越前　これは、叙階の秘跡という司祭（神父）になる儀式を、教会の長上である司教から受けたときに、賦与されるんです。それは主イエス・キリストの制定によることで、司教は主キリストの代理者なんです。
西村　偉い人なんですねぇ。
越前　それは権能のことですね。
西村　人の罪を赦す権利を持っているんですか。

越前　ですからそれを、教会の規定通りに行使しなければなりません。神父はミサを捧げるとか、信者の罪を赦すとかいう権能を、主キリストから教会の司教という高位聖職者を通して与えられているわけです。

西村　与えられているわけですね。

越前　はい。たとえば罪を赦す権能とか、ミサを捧げる権能とかですね。でも、その権能を行使するためには、教会の規定に従って行わなければならない。具体的に申し上げると、告解場という所が教会にあるわけね、小さな部屋です。そこには司祭が座っています。司祭の席の横には格子《こうし》があって、ここに信者が跪《ひざまず》いて自分の犯した罪を告白します。

西村　ああ、あるある。告白する所ですね。

越前　そこで信者は告白するわけですが、絶対の秘密ですから、何の心配もない。

西村　よう、神父さんそんな中におれるね。身につまされるんじゃない。

越前　まあね。そこで信者は悔悛した罪を、神父に告白します。たとえば、人を殺したとか、百万円だましたとか、大罪ならば、回数も言わなければなりません。けれども、信者が犯す罪はほとんどが小罪ですから、その場合は、回数など言う必要がない。ただ犯した罪業を幾つか言えばいいのです。

たとえば、ミサをサボりましたとか、人の悪口を言いましたとか、兄弟と喧嘩しましたとかね。

そのあとは、洗礼以来犯したすべての罪を痛悔《つうかい》しています、と最後に言い足せばいいのです。
するとと、司祭は罪かどうかを判断して、罪だと判断したら説諭と償《つぐな》いを言ってから、委任された教会の権能に従って、信者の罪を赦す祈りを唱え、十字架の印しをして罪を赦します。これは主キリストの定めた秘跡ですから、必ず赦しと善業に向かう力と恵みが告解者に与えられます。司祭も信者ですから、一年に数回は告解します。

西村　罪が赦されるんですね。

越前　赦されます、必ず。「秘跡（サクラメント）」というのは、説明は神学的で難しいと思いますが、主イエス・キリストは神であり、救い主として、人々の罪を赦す権能を持っておられます。その主イエス・キリストは、受難と復活の後、出現されて、ご自分のミッション（キリストのように、すべての人々に神の国の真理を伝道し、宣教する使命）を継続するために選ばれた弟子たちを使徒として派遣されました。彼らは主キリストによって与えられた権能によって、人々の犯した罪を赦します。これが「ゆるしの秘跡」としてカトリック教会に存在します。

西村　神父自身はだんだん罪が深くなるばかりですね。

越前　そうですかね。

西村　神父さんは、わけもなくそう言ってるけど、私の方から見たらね、よくそんなことで罪が赦されるなぁと思うわけ。言葉の上で「悔い改めます」って。本当に改めるかどうかは別として、「悔い改めます」と口で言って、それを改められなかったら罰せられるみたいなことになっているんでしょう。
越前　罪と罰は違います。人は罪を犯します。それを正直に認め、悔い改めようと決意し、神にお赦し下さい、とお祈りしたら、罪は赦されます。しかし、罪を犯した結果生じる損害は償わないといけません。いわゆる弁償しなければなりません。
たとえば人からお金を盗んだとき、盗みをしたことは悪かったと謝れば、赦されるでしょう。けれども相手にかけた損害は償わないといけない。つまり盗んだお金を返さなければいけない。裁判所における裁判に似ています。裁判所は、加害者を認定したら、しかるべき罰を科すでしょう。
西村　教会に行くと、こうやって跪いておられるのを見ます。中にいて聴いている人は大変やなあ、なんて要《い》らん気を使うんです。
越前　いや、教会で告解する人は信者に限ります。仏教徒の罪を赦す権能は、神父にはありません。
西村　アハハハ、そりゃそうなっていなけりゃ、怖くて教会へなんか入れませんわ。
越前　まあ、私自身にも経験がありますが、自分の罪を告解（告白）して、司祭から赦されると、何とも言えない安らかな気持ちで帰れます。
西村　そりゃ、打ち明けてしまったらね、自分の心の悩みを打ち明けたらスッキリしますよね。

そういう機能はあるでしょう。まあそうでなきゃ成り立たんわね。つまり心を割って打ち明ける人。そのことによって、自分に安らかになるということですね。

越前　それはあるでしょうね。心理的にはね。

西村　それは、一つの大きな機能でしょうけど。誰にも言えないことでも、神父様には言えるんや、告解で。

越前　はい、そういうことですね。

西村　素晴らしい救いの場所だと思います。

越前　そう思いますね。

西村　そういう機能はあると思いますね。それで、中におる人は、神から与えられた権能によって言って聴かすのね。

越前　うん。

◆神学者と司祭

西村　相手は信者として神父を信じているから、それは大きな救いになると思いますね。それからもう一つね、さっき神学者ではないと言われたんですが、司祭と神学者と分けたところね、これが宜しくないと私には思えます。
越前　どうしてですか。
西村　二つはどのように違うんですか。
越前　だって、たとえばですね。大学で哲学を勉強したからといって、皆んな哲学者じゃないでしょう。
西村　ふむ、ふむ。
越前　哲学者になるためには、哲学の専門課程、それも博士後期課程を満期修了し、博士論文を提出して審査に合格し、博士の学位を授与される。それからどこかの大学に就職し、哲学の科目を教授し、専門的な研究成果を論文にまとめて学会等で発表し、その功績が認められて、正式の哲学者と言われるんじゃないですか。そして、専門的な哲学書も刊行しないといけないでしょうね。そうなったら、哲学者と言えるでしょう。神学者になるのも同じような手順が要ります。司祭になるのは、所定の課程を終え、試験に合格し、教会の上長、たとえば、教皇、司教によって、司祭になる資格があると判断されたとき、叙階の秘跡、すなわち、司祭に成る儀式を司教から受けてなるのです。
西村　つまり、職能的に違うということですか。
越前　そうですね。司祭と神学者では、身分も職業も違います。

西村　あっ、職業的にね、だから司祭も神学を知ってるわけね、もちろん。
越前　もちろんそうです。
西村　それで、神学者には司祭をする権能はないんですね。
越前　むろんありません。司祭ではない神学者もおりますし、神学者でない司祭もいます。しかし、司祭は皆んなひと通り哲学、神学の課程を修了しています。

それから、司祭の権能の話になりましたが、司祭の権能というのは、教会法によれば、教導職、祭司職、司牧職の三つがあります。

教導職というのは、教会の公式の教義や倫理などを信者や人々に教え、伝える職能です。祭司職というのは、先ほども申し上げましたが、信者を聖性に成長させるために、神の超自然的な恩恵、これを霊的恩恵と言ってもいいでしょうが、それらを与える職能です。その場合、神の恩恵が必ず与えられる「秘跡（事効的しるし、〈ラテン語で〉ex opera operato）」の執行があります。

たとえば、信仰と祈りがある人で、カトリックの信者になりたい人には、「洗礼の秘跡」を授けます。合わせて「堅信の秘跡」も授与されますが、この秘跡はいわば聖霊降臨のごときもので、神の第三のペルソナ（神格）である聖霊が信者に与えられ、その魂に現存するしるしです。

前にも触れましたが、告解者の罪を赦す「ゆるしの秘跡」、主イエス・キリストの最後の晩餐と死と復活の神秘を記念する「聖体の秘跡」（普通、ミサ聖祭と呼ばれている）を執行する権能があります。
その他に、「病者の塗油」と言って、重病の信者に完全な罪の赦しと天国に救われる恵みを与える秘跡です。それから、「婚姻の秘跡」これは信者同士の結婚の場合、与えられる特別な秘跡です。最後に、「叙階の秘跡」ですが、これは司祭に成る秘跡で前にも申し上げました。以上、七つの秘跡を執行するのが祭司職です。ふだんは、ミサと言われる聖体の祭儀が毎日、教会等で捧げられています。

西村　うん、それは分かります。権限がないとね。
越前　権限というより、権能ですね。
西村　権能ねぇ。
越前　まあ、ラテン語ではpotestas（ポテスタス）と言うから、権限とか権能でしょう。権威や権力じゃない。
西村　権力じゃなくて神から任された権能。
越前　そうですね。それはいわば、一種の能力みたいなものではないでしょうか。
西村　しかし、特別のパワーを持っているわけじゃないでしょう。
越前　特別なパワー（権力）を持っているというわけではありません。
西村　ただね、その神父を信じなければ、その神父の説教には全然効果がないものね。

越前　うーん。そうですね。

西村　基本的には信じる、だから従うということ。

越前　信じるというか、信頼でしょう。

西村　権力とは違いますね、これは。

越前　権力とは違います。信頼があって従うんじゃないでしょうか。

西村　信頼しないとダメですよね。

越前　西村先生を信頼しているから、西村先生のお話に傾聴するのであって、信頼していなかったらお話は聞かないでしょう。説教も同じことです。

西村　まあ、それが基本ですもんねえ。

越前　基本でしょう。

西村　でもまあ、普通の裁判では、裁判長の判決について我々は信頼しているというのではなく、法律を信頼している。

越前　そうそう、そう思いますね。

◆懺悔と告白

西村　仏教でもよう似てるんですよ。あの、しばしばね、よく唱えるお経に懺悔文《さんげもん》というのがあってね、「我昔所造諸悪業《がしゃくしょぞうしょあくごう》」、私は昔から今までいっぱい悪いことをしましたと、この世に生まれてから今までのことですね、自分の罪深さを言っているんです。人間としての罪深さを。我れ作りし諸々の悪い行いです。

続いて「皆由無始貪瞋痴《かいゆうむしとんじんち》」です。これらの悪業はすべて、初めもないほどの過去からの貪りと、怒りと、愚痴という三毒による、とね。そしてねこれらはすべて、「従身口意之所生《じゅうしんくいししょしょう》」です。すべて身体と言葉と意思から生まれたものであるから、「一切我今皆懺悔《いっさいがこんかいさんげ》」それらをすべて私は今、懺悔しますと唱えるのです。

越前　仏教では懺悔って言うでしょ。それをカトリックでは告解って言うんですよ。自分の犯した過失を、司祭（神父）に告白することですね。

西村　告白ね、そうですね。やっぱりちゃんとあるんです。どの宗教にもこういうものは。

越前　ただ、告解の方法には、歴史的変遷があります。昔はカトリック教会の前庭に集まった皆んなの前で、自分の罪を告白したんです。それが時代の下るに従って、今のような方法になったのです。多分、罪というのは、自分の一番内奥にある秘密みたいなものですから、一対一で、しかも相手は権能のある司祭の前でということになったと思います。

要するに仏教にもあるでしょうけど、悪いことをした人は、悪いことをしたということを自覚するだけでなく、それを他者にも言えるようじゃないと、赦されないのでしょう。

西村　仏教ではそれを懺悔、カトリックは告解《こっかい》と言いますが。プロテスタントでは何と言いますかなあ。告白、悔い改めですか。悔い改めって何ですか。信者の人が自分で、私は夫婦喧嘩をしましたって、皆んなの前で言うんですか。誰に言うんですか。カトリックの告解を真似しているんでしょうが、牧師さんには罪を赦す権能は無いんでしょう。

越前　プロテスタントのことは、よく知りません。赦しの秘跡というのは無いでしょう。信者が内心自分の罪を悔いて、改めようとしているんじゃないでしょうか。

西村　仏教では悪いことをすることを悪業《あくごう》と言うんです。諸悪業といって、諸々の悪い行いをね。それらがどっから出てきたかというと、悪いことは身口意《しんくい》の三業《さんごう》、つまり行い、言葉、心の三つでもって悪いことをする。

越前　なぜ悪業って言うんですか。

西村　煩悩に誘惑されてです。燃え盛る煩悩にね。

越前　煩悩っていうのを、もう少し分かりやすく言うと何なんですか。私は、私利・私欲・私心と言っているんですけど。つまりエゴの利益、エゴの欲望、エゴの計らいが諸悪の根源ではないかと思うんです。エゴが無くなれば利他になり、大欲になり、神の計らいになるのではないでしょうか。

西村　そうそう、だからやっぱりそれは貪瞋痴《とんじんち》の三毒《さんどく》による悩みですね。

越前　キリスト教でも、私が少なくとも仏教の本を読んだかぎりでも他の宗教でも、人間には欲があるから悪いことをするんだって書いてありますね。

西村　そうです。

越前　だから欲が悪いって言うんだけどね、私はそう思わないんですよね。欲は生きるための原動力でしょう。だけど、欲に振り回されて悪いことを選ぶということは、よくありますね。

西村　うん。

越前　だから、欲を生きる力の一つとして認め、肯定する。それは今のキリスト教でも認めている人は多いと思います。問題は仏教が言う「我執《がしゅう》」つまりエゴだと思います。仏教の先生方もそうじゃないですか。先生も欲望は悪いものとは考えないでしょう。

西村　もちろん欲望がなきゃ、生きて行けんものね。

越前　そうでしょ。欲望が悪いものだということは、間違った考え方だと思います。けれども、「過ぎたるは及ばざるがごとし」で、善いことでも過ぎれば悪になるでしょう。愛することが善いことでも、愛し過ぎて愛着（執着）するのではないでしょうか。中庸や節制が説かれるのは、そのためじゃないですか。

西村　だから、欲望というものを、どうコントロールするかですね。

越前　そうですね。だから、コントロール（節制）という話の中にモラルが入ってきたり、倫理が入ってきたり、祈りが入ってきたりするのではないでしょうか。とにかく、欲望それ自体が倫理的に悪いものだということはない。

なぜかというと現在の私自身の基本的な考え方ですが、人の思念とか言葉とか行いとかは、創造力があります。もっと広く言うと、人間の意識、たとえば私の意識が私自身を創造していると思っています。私が自分のことを悪い人だと思っていれば、悪い人間になると思います。反対に、私が自分を良い人間だと思っていれば、良い行動をするだけでなく、良い人間になると考えています。これは教会の教えとは関係がなく、私の研究する人間学の法則だと思っています。

西村　なるほど。

越前　だから、諸悪の根源がどこに転がっているのかというと、どこか自然界とか宇宙とか、世界とか、社会とか、他の人にあるということではなくて、人間の意識にあるのです。個人の意識か、集団の意識かの区別はあるとしても。

西村　うん。

越前　皆んな、自分自身の意識から出ているということが分かったら、世界は変わりますよ。自己の意識、それが一番問題なのです。というのは先ほど一番の問題は無知だと言いましたが、意識と関係しているからです。知らなければ変わりようがないでしょう。だから、回心というのは、気づくことなんです。
西村　そうやなあ。無知ねえ。
越前　人は、無知から悪いことを選択する。たとえば、子供のときの話だけど、今でも分からない人が多いと思いますけど。私は万引きしたことがあるんですよ。私は、本屋の息子ですからね、だから、万引きがどういうことかは分かっていましたが、自分の家の店にある新刊書を黙って持ってくるのは、悪いことだとは思っていなかったんです。いわんや万引きが盗みの行為であることなど知りませんでした。
西村　思ってないわけね。思ってなかった。
越前　そう、思ってないんですよ、その時は。
西村　分かるような気がします。
越前　万引きというのはね、まあ小学生の頃ですが、他の店にある品物を代金も払わないで、黙って持ってくることでしょう。それは盗みですね。近所の友達と、近所の瀬戸物店に朝早く入り込んで、フォークやナイフやスプーンなどを盗んだのです。これが近所でお掃除をしていた女中さんに見られ、小学校に通報されたので、担任の先生に呼ばれて、こっぴどく叱られました。
西村　呼び出されたんですね。
越前　うん。それで万引きもれっきとした盗みなんだと、こんこんと説教されました。悪戯半分であっても、万引きも盗みであることが分かりました。私の実家は本屋なんです。本屋っていうのは、結構万引きが多いんです。自分の経験から言ってもね。万引きは盗みだということを教わって、はっきり道徳的に悪だという認識が出来た。それが無いと平気で万引きをするでしょうね。見つからなければカンニングではない、と学生のときに先生から言われたことがありますが、認識というのは重要ですね。

生まれながらにして人間には「良心」というものがあって、物事の善悪の判断が出来るということですが、特に現代のような情報過多の時代には、良心を思い出させるような教育もすべきではないかと思います。人は教わって育つのです。

ですから教育と書くのです。人が育っていくためには、教わるということが縁として必要であるというのが、私の人間学の立場です。ひと頃、教えるのではなく育てるものだ、という主張が流行ったことがあります。ちょうど私が大学教員として、教育学科の学生に人間学を教えていた時代でした。

植物の種子でもそのままでは成長しません。やはり土地に蒔かれ、太陽の光と熱、雨、人が与える肥料とか、雑草取りとかの縁（条件）が加わらないと芽生え、生長し、開花、結実することはありません。人間も同じことでしょう。

だから、人には良心があるから、自然に善悪の判断が出来るんだという理屈は分かりますが、実際問題として善悪を識別するための道徳教育がなければ、人は愚かになるだけだと思います。ですから、私は学生たちに善悪の区別について教えました。人間には多くの能力や才能があるんですが、ほとんど眠りこけているのです。

西村　生きていくためには、当たり前のことやと思っとるのよね。

越前　そういう道徳や霊性に関して怠惰であることが罪ではないかと、私は考えているんですが。カトリックは現在、地獄のことは言いません。神が地獄や悪魔を創造されたということは、教皇聖ヨハネ・パウロ二世が公に否定されました。けれども、人間が悪魔にもなり、地獄を創ることはあり得るということは言っておられます。

仏教の六道輪廻の教えにある地獄の話も、方便として宗教的には役立っているのではないでしょうか。やっぱり善因楽果・悪因苦果という因果応報の理の教育は、地獄の教育も含めて有益なのではないでしょうか。不幸になるのは悪いことをしたからではないかと、きちんと教えるべきだと思いますね。結果が悪いのは原因が悪いからでしょう。仏教で言えば、自業自得というでしょう。自分で蒔いたものは自分で刈り取る、と。

西村　そうねえ、自業自得、自分の行いの結果は、自分で受けなければならない。

越前　だから、人は悪いことをしないで善いことをしなさい、と教えるんでしょう。それは自然法だから、誰でも教えられるでしょう。仏教では悪を避け善を行え、と言うでしょう。でも何が問題かというと、何が善くて、何が悪いかということが、分かっていないということなんですよ。

西村　そこに道徳と宗教の区別がないとね、質的な。

越前　そうですね。

◆道徳と宗教

西村　倫理という知恵と、その底にある宗教のレベルとは違うと思うんですね。道徳の世界では、はっきりと善悪が裁かれるというけど、宗教のレベルでは、悪も赦されることはないんでしょうか。

越前　ありますよ。悔悛すれば、罪業も赦されます。

西村　うん。

越前　因果応報には赦しが無いかも知れませんが、道徳を超えた世界には、宗教という神の世界があり、そこには神による赦しがあります。

西村　禅の語に、「不思善不思悪《ふしぜんふしあく》」善とも悪とも思わない。「正当与麽《しょうとうよも》の時如何《いかん》」、そんな時はどうだ、と迫るのがあります。

越前　全く、禅にはいろんな都合のいい言葉がありますね。

西村　善いことも無し、悪いことも無しというのは、どういうことかという問いは、道徳的な価値判断を超えていますね。善くもないし、悪くもないというのは、どういうことだと迫るわけです。善くもなく悪くもないっていうことは、善くもあり悪くもありということを言ってるわけなんです。善いか悪いかでなくて、それ以前を聞いているんです。禅はそういう立場を大切にするんです。

ところで越前神父さん、人間って本当に悪いと思いますか。

越前　いいえ、悪いとは全然、思わないね。

西村　えっ全然、思わないって。そんなら悔い改めは無いんですか。

越前　人間性それ自体は善であり、聖であり、完全だと私は信じています。神の似像ですから。しかし、人間は自由意志によって悪業を選択することがあります。それが罪なのです。悔い改めというのは、自分の選択が間違っていましたと認め、それを悔いて正しい選択をしようとすることなんです。

西村　何で悪くもないのに悔い改めるの。

越前　人間が悪くなくても、物事の選択を間違えることはあるでしょう。それに気づくことが悔い改めです。ああ、間違った道を選んだから、迷子になっているのだと気づくことです。失敗というのは、誤った選択をした結果なのです。「失敗は成功の基なり」とは、誤りに気づかせてくれるからではないでしょうか。

西村　それはもう、悔い改めたらもうそれでいい、ということですか。

越前　改めたら、選択を変えるでしょう。

西村　うんうん。

越前　だから、先ほどから私の立場から言っているんだけど、悪かったと認めれば赦されるのです。

西村　ふーむ。

越前　だから、問題は悪かったと認めないから赦されないんです。神だって人が悪かったと認めなければ、赦しようがないじゃないですか。

西村　そうですわね。

越前　というのがもう、キリスト教のはっきりした立場なんです。だから、あなたが人を赦すときに、神もあなたを赦すんですと、イエス・キリストも言われたのです。神さまがあなたの罪を赦されたように、あなたも他の人の罪を赦しなさいと言われたのです。

西村　ふーむ。

越前　だから、人間同士の赦しだってありますよね。

西村　でも、そうなると、神さまいらないのと違うの。

越前　そうですね。人間だけではなくて、神が創造なさったものは、ある意味で神と言えるでしょう。神がいないとか、神でないとかいう物は一つもありません。だから、ある意味で万物は神の表現であり、顕現と言っていいでしょう。いわんや、人は神の似像ですから、厳密な意味でも、人は神であり、神の顕現であると言えるのです。

しかし、そのリアリティを人が自分のものにしたり、自分のせいにしたりするとき、すなわち、あなたが神から離れて、自分は別の神だと宣言するとき、大きな罪を犯したことになるのです。私たちの存在も命も、さまざまな能力や賜物もみな、神からの贈り物ではないでしょうか。もしあなたが神の子として、他の人である神を赦さないとするなら、あなたも神から赦されないことになるじゃないですか。

神と私たち人間の関係は、不一不二《ふいつふに》と言えるのではないでしょうか。人間は神の似像として神の本性すなわち神性に参与していますが、「父と子と聖霊」という三位、三つの神格とは決して同化しないでしょう。西村は西村の人格でユニークでしょう。あなたは神の子ですが、キリストではないですよ。

Ⅸ　幸福とは何か

◆キリスト教が説く幸福

越前　それじゃ、僭越ながら私から、まずちょっと。幸福という定義ですがギリシャの哲学者アリストテレスによれば、幸福とは完全な善であって、人間のあらゆる欲求が完全、かつ究極的に満足させられている状態である、と定義づけました。だから人間の生きている目的は幸福になるためである、と言っているんです。非常に、スッキリした考え方ではないかと思います。ところが現実に私たちの幸福観は、十人十色だと思います。キリスト教では、完全な幸福というのは、十三世紀の偉大な神学者、聖トーマス・アクィナスの大著『神学大全』によると、天国というのはどういう所かというと、「至福直観《しふくちょっかん》」、ラテン語でいうと、Visio beatifica（ビジオ・ベアティフィカ）であると書いています。つまり、神さまをあるがままに観るということ、これが天国であり、至福なのです。

西村　神さまをあるがままに観るですか。

越前　神さまをあるがままに観る。だから神さまを神さまとして、神の栄光、輝き、美しさ、善、それらすべてを神として観る、それが永遠の幸せだと言ってるわけです。

西村　それは難しいなぁ。

越前　難しいですね。抽象的な神学的な概念ですから。それで、聖トーマスには、こういう神秘体験があるんです。ある時、瞑想の中で、脱魂し、主イエス・キリストにお会いするんです。主イエスはトーマスを褒めて、私のことを良く書いたね、と言われた。トーマスは霊眼で栄光のイエスを観て、そのあまりの美しさに感動したので、脱魂から我に返ると、こう言ったんです。「私の書いた書物など、藁《わら》くずにも等しい」と。それで、二度とペンを取らなかったといいます。

西村　間違った神の観方ってどういうことですか。

越前　間違った見方というより、概念知と体験智の違いとでも言ったほうが分かり易いんじゃないですか。悟りと私どもの通常の認識とは違うように。

西村　神を神として観るというんだけど、神を神として観ていない観方って、どういう観方ですか。

越前　聖パウロが「コリントの信徒への手紙（一）」の13章に書いているように、「わたしたちは、今は、鏡におぼろに映《うつ》ったものを見ている。だが、そのときには、顔と顔とを合わせて見ることになる。わたしは、今は一部しか知らなくても、そのときには、はっきりと知られているようにはっきり知ることになる」(12節)

概念や言葉による認識は所詮、不完全なものではないでしょうか。禅ではよく、見えると言うじゃないですか。見ようとするのは分別知で、道元さんではないけど、万法《まんぼう》が姿を現すことが真の智慧ではないでしょうか。西村さんが、ご自身の中に完全な真・善・美をあるがままに観たら、それが至福直観という体験ではないでしょうか。これは完全な幸福でしょう。

西村　誰が幸福って。

越前　あなたですよ。

西村　私が自分の中に完全な美とか真、善、美を観たら完全に幸せってですか。

越前　そりゃ、そうでしょう。

西村　でも完全である保証はどこにありますかねえ。

越前　それは自己体験しかないでしょう。

西村　それは、自分の一人よがりじゃないですか。

越前　だから、それはね、天国に行ってから体験する状態の言葉なんです。

西村　えっ、そんなの遅い、遅い。今言ってくれなきゃ。

越前　今の場合ではあり得ないでしょう。現世にいて天国の状態、すなわち神を観るということとは出来ません。現在出来ることは、私と神は一つであると信じることだけです。

西村　この世では完璧につかむことは出来ないんですか。

越前　存在論的に人は完全・完璧だとしても、それを実際に経験出来なければ完全とは言えませんでしょう。人がこの世に生まれてきたのは、人生という過程を通して自分を進化・発展させていくためです。すべての生物がそうであるように。人が人生において、螺旋状を描きながら、進化・成長していくということは、種が樹木に生長していくようなもので、不完全な存在物が、完全な存在物に成るということではないのです。

こういうのは人間の間違った考え方に過ぎません。種は種として完全であり、樹木は樹木として完全でしょう。でも人間が成長するということは、認識が発達することなんです。無知から知識へ、知識から知恵へ、知恵から悟りへと、知と愛の段階は無限でしょう。これが命であり、幸せなのではないでしょうか。

私は人間学ですけど。欲求に関しても、進歩・発展があるでしょう。アメリカの心理学者、A・H・マズローが唱えた基本的欲求の五段階説によれば、第一段階の飲食・睡眠などの生理学的欲求がある程度満足させられると、安全と安定を求める第二段階の経済的な欲求が芽生えるという。それがある程度満足させられると、何かの団体や共同体に所属したいという欲求や、愛し、愛されたいという第三段階の社会情緒的欲求が芽生えてくるという。それがある程度満足させられると、他者からの承認や自尊心の満足が求める第四段階の自尊欲求が意識されてくるという。それもある程度満足させられると、いよいよ自分自身の内部にある自己を実現したいという第五段階の欲求が現れてくるという。こうして真実の自己が開花していくというのです。

だから、たとえば真善美という精神的な価値に没頭していくためには、前提として、その前の身体的、心理的、精神的な欲求がある程度満足させられていることが必要なのではないでしょうか。こういう立場を肯定すると、無闇矢鱈《むやみやたら》に欲求を蔑視し、激しい苦行をすることが、宗教的な修行であると思い込んでいる人には躓《つまず》きとなるかも知れませんが、そういう反自然的な考え方で修行をしていくと、途中で間違いなく挫折するだろうと思います。

私自身が若いとき、そういう無茶なことをしたことがあるので分かります。また長年修道生活をしてきて、そういう実例を多く見てきました。やはり、悟りを開くとか、神と一致するという境地に達するためには、自然の法則に則って、それを超越していくことが大事なのではないでしょうか。

西村　うんうん、分かります。

越前　それが幸福というものじゃないでしょうか。

西村　それは深まっていくのが幸福。そうでしょうね。

越前　それが、幸福でしょう。

西村　うんうん。

越前　だから、分かりやすい喩えで言えば、西村先生もそうですが、こちらの方もプロではありませんが、上手な絵を描かれるんです。そういう方は、絵を見たら美しいと感じるだけでなく、幸せだとも感じているんじゃないでしょうか。

だから完全な幸福というのは、神の国に入ることですが、聖書によれば、「神の国は、飲み食いではなく、聖霊によって与えられる義と平和と喜びなのです」（ローマ14：17）とあります。

これが霊的幸福、換言すれば真の幸福の状態ではないでしょうか。義というのは、神が認める義であって、この世の正義のことではありません。神の子供として正式に受け入れられている身分とでも言えましょうか。平和、喜び、自由、愛なども、現世的なものではなく、霊的〈スピリチュアル〉な真の平和、喜び、愛、自由だと言わなければならないでしょう。昔のスコラ神学では、よく「自然的な善」（bonum naturale〈ボヌム・ナトゥラーレ〉）と「超自然的な善」（bonum supernaturale〈ボヌム・スペルナトゥラーレ〉）を区別し、超自然的な善はすべて神の無償の恩恵であると教わりましたが、現代の神学はこの区別をあまりしません。広い意味で、すべては神の無条件の愛から発する恩恵（gratia グラティア）であると説明しています。

「神の子の自由」という言葉も聖書にありますが、私にとって内面的、霊的な自由が何であるかは、仏教の「囚《とら》われない心」とか、臨済の「無位《むい》の真人《しんにん》」から多くのことを教わりました。私、

『臨済録《りんざいろく》』が好きなんです。

西村　読んでますか、臨済録も。

越前　ですから、人間のこうした境地というか、心境にあるということが幸福だと、私は思うんです。私の幸福観は、神と合一することですが、それは悟り（真実を如実に知見すること）と無条件の愛と無我にあることだと思っています。けれどもその目的は明確でも、道は遠くて、「日暮れて道遠し」の日々です。

西村　うんうん。

越前　では、仏教の幸福観を聴かせて下さい。

◆禅者の遊戯三昧

西村　困ったなぁ。そりゃあの端的に、「日日是れ好日《にちにちこれこうにち》」っていうところかなあ。毎日が好い日だっていうのが幸せですな。ところが、毎日が好い日ばかりではあり得ないでしょう。そうすると、本当の幸福は幸とか不幸とかの世界を超えるところにあるんでしょう。だから「晴れてもよし、曇りてもよし　富士の山、もとの姿は変わらざりけり」なんて歌があるんです。

越前　いい歌ですね。

西村　晴れてもよし、曇りてもよしです。こうなるとね、本当の幸福を掴《つか》むためには、天気がよくてきれいな富士だなぁというだけではダメということですね。
越前　うん。
西村　幸と不幸、不幸と幸を分けているとどうしてもね、どうしても自分は不幸だと思ってしまう。たとえば不幸におる人が、幸福になりたいと思ったって、まあ相対的な要求ですから、不幸を解決して幸せを掴んでも、それはやっぱり、相対的に掴んだ幸せであるから、いずれ不幸になる可能性がある。するとまた幸せになりたいと思う。それはとめどなき幸福の追求となり、とめどなく不満の連続ですねえ。
　どうすればいいかというと、あるところで線を引かなきゃならんです。幸福追求っていうのを止めて、そしてあるところで不幸を幸福に転換せにゃいかん。普通に考えている幸や不幸という考えを超えてしまう世界に出たら、幸でも不幸でもない絶対的な幸せを掴み得る、というのが禅宗の言い方だと思います。
　それで、まあ、「日々是れ好日」っていうのもね、これ毎日が天気ということじゃないですよね。ただ晴れとか曇りとか以前の真実、富士の山なら富士山そのもの、つまり永遠普遍の真実というものに気づけば、その真実がある時には曇って見えたり、ある時は晴れて見えたりするけど、真実はちっとも変わらないと。そういうところを狙っていると思うんです。

そういう生き方が出来たら、あとはもう遊戯三昧《ゆげざんまい》で困ったことは一つも無くなる。悲しいことも当たり前と受け入れているから。悲しいことも富士山の姿の一端として受け入れてるから、毎日がオッケーですね。それで遊戯三昧と言うんですね。だから、結局、幸不幸というものに二元的な価値判断を持っているかぎり、いつまでたっても、不幸なら不幸で泣くし、幸せなら幸せで、もっと幸せになりたいと望むと思いますね。そういう葛藤がいつまでも続くでしょう。それである時に幸、不幸の二元的なレベルを超えるんですね。そうすれば幸であれ、不幸であれ、いいじゃないかという一つの絶対的境地に遊ぶことが出来るんです。幸せを掴もうとするからいかんのだと、禅は教えるのです。前にも出たカール・ブッセの「山の彼方」もそういうことを言っていると思います。

「山のあなたの空遠く、幸い住むと人の言う」、皆んなそうですよね。幸せを遠い所に求めるんです。そういう遠い所に求めた幸せは、実は本当の幸せではなかった。むしろ何ていうのかなぁ、失望して元の不幸に帰って来たと。「ああ、われひとと尋《と》めゆきて　涙さしぐみかえり来《き》ぬ」っていうのは、求めた幸せは本当のものでなかった、ということですね。そうすると、「山のあなたになお遠く　幸い住むと人の言う」です。その「なお」というのが大切でしょう。なおというものは、求めて行くことではない。近くに気づく幸せです。脚下にある、足元にある幸せ。それが本当の幸せだというんですね。

ですからね、一般的には宗教はいろいろと幸福を求めてやりますけど、この求めるのは、足元以外にあるものではない、と私は理解しているんです。

だからこの幸福は、絶対的幸福で対立を絶した幸福ですから、不幸とか幸福とかいう我々の理念ではなくて、もう一つの不幸も幸福の一端であるという、そういうレベルの幸福に生きる人には、毎日が遊戯三昧ですね。どんな一日であろうと、それもいいじゃないか、それも人生の一環じゃないかとね。

光強ければ陰濃《かげこ》し、と言いますね。お月さまの光が濃ければ、松の影はもっと濃いんです。松影だけが濃いんじゃないんです。黒くしている光があるんですね。「松影の暗きは月の光かな」、これですよ。片っ方だけ見ていてはいけないのです。うん。明暗双々《そうそう》ですからね。明と暗は並んで一緒にいるんですからね。

だからやっぱり幸福を求める、その求め方は相対的であってはならないと思うんです。なーんちゃって偉そうなこと言って、これ教室の講義の続きなんです。

越前　いやぁ、そりゃやっぱり西村先生、禅宗の先生のお話ですよ。まあ私は何十年も聞いていますし、禅キ愍で慣れていますけどね。

西村　うん、そう。それしか無いんや。

越前　これね「対談」ですが、先生のお話を伺っていると、やっぱりそれは禅宗的というか、仏教的だと思うのです。キリスト教の場合は、根底に西洋の思想が流れているんです。

西村　そりゃそうでしょう。二元論という根本的な特質がねえ。

越前　西洋の思想には二元対立ということもありますが、主として実体論的な思想が根底にあるからだと私は思います。善か悪かという対立も、善という実体、悪という実体を想定しているのです。幸不幸もそれぞれ実体論的に考えるから、幸福か不幸かいずれかになるのです。

禅宗のように、幸が不幸であり、不幸が幸であるといった融通無碍《ゆうづうむげ》な考え方は考えられません。楽は楽であり、苦は苦なのです。そこに橋渡しは出来ない。私たちは昔そういうスコラ的な教育を受けたし、言葉自体がラテン語なので、どうしても実体論的になり、二元対立的になるのです。これかあれか、というふうに。

西村　うんうん。

越前　だから、どっちがいいかは分からない。

西村　そういう全く違うものが出会う時代が来たんですよ。

越前　うん。

西村　自分だけで自己満足してはおれんのですよ。全然違う発想が、地球が狭くなってきて突き当たったときに、混乱を起こすんですね。

越前　そう、文化が違うからね。私も無理だと思う。東洋と西洋が一つになるっていうのは、空想だと思いますね。

◆国際化の時代と宗教対話

西村　だけどね、また全然、話が違うんですけどね、私は、あの世界のグローバリゼイションというのは面白くないと思っているんです。グローバリゼイションを私はインターナショナリゼイションの大きくなったやつだと思ってたんよ。しかし全然違うんですね。

越前　全然違うんだと思います。

西村　インターナショナリゼイションのときはね、たとえばフランス人と日本人が出会うとすると、へぇー、フランスではそんな物を着るんですか、日本ではこんなもん着るんですとね、お互いの違いを比べて楽しんでいたんや。違いを知ってね。その中で日本はインターナショナリゼイションの波に乗って、海外に進出して行ったんや。海外に支店つくって日本経済の拡張をめざしたんです。ということはナショナリズムの拡張なんです。

ヨーロッパでのインターナショナリゼイションは、チェルノブイリに原子炉の空焚きがあったら、その煙がデンマークまで飛んで来たというようにね、切実な問題の中で、この問題をどう解決するかというのが、あのヨーロッパでの国際化なんですね。

で、隣国同士が仲良くしてヨーロッパ共同体を作り、貨幣も共通のユーロにして仲良くいきましょうということですね。つまりインターナショナリゼイションでは、異文化が出会って、お互いの違いを楽しみ合う。音楽の違いとかファッションの違いを比べ合う。

ところがグローバリゼイションということは、国境が無くなって世界が一つになっちゃったんですよ。比べるどころじゃなくて一つになっちゃった。これには大きな原因が二つあるんですね。一つはインターネットの発達です。だからビザがなくても国際交流が出来る。国家間の境が無くなってボーダレスですね、もう一つは国際結婚ですよ。国際結婚を平気でするようになったらね、文化の特色は消えてしまった。僕らの田舎なんか、外国人の嫁さん貰《もろ》うたら、顔も知らない先祖の法事はしない、葬式もいい加減。村祭りも他人ごと、もうひどい変わりようです。

越前　そうですね。話が本題から離れると思うんだけど、グローバリゼイションというのは、カネ、モノ、ヒトが自由に往来することで、国家や地域、民族や部族、宗教などの相違や自立性や個性を無くしましょうという考え方でしょう。これは、恐ろしいことだと私も思います。

旧約聖書にありますが、昔、人々はバベルの塔を造った。それをご覧になった神は、人類が一色になって傲慢にならないように、その塔を破壊された。それで人々は全世界に散らばって、それぞれの住処を造った。それがナショナリズムの始まりでしょう。（創世記11：1～9参照）

グローバリゼイションをユダヤ主義的だと言う人もいます。ユダヤ人は、西暦七十年にイスラエル国家がローマ帝国によって破壊されたあと、全世界に散在しました。ディアスポラと言います。世界に散らばったユダヤ人が、ユダヤ教を中心に世界の人々を支配（？）しようとして駆使したのが、金銭と頭脳でしょう。

そして国境や民族や地域文化などを無くしようとします。人はローカル文化の中で生まれ育つのでしょう。無国籍や無文化の人は生存出来ないでしょう。マモン（金銭）だけが君臨するのです。まさに、聖書には、「人は神と富（マモン）とに仕えることは出来ない」という主キリストの言葉がありますよ。

西村　そりゃひどいもんですよ。だからこの国境が無くなり、この文化的特徴が壊されていっているんです。

越前　そうです。

西村　インターナショナルのときはね、伝統文化の相違の面白さ、ユニークさ、日本文化の面白さが受け入れられたけど、今はそんなこと言っとれません。で、皆んなが一緒になって、同じGパン履いて同じ音楽聴いて、同じもの食ってるわけですよ。そういう時代がやって来ました。で、宗教も今までは、ヨハネ・パウロ二世が諸宗教対話を認めるまでは、頑として、バチカンを護ってきたでしょうけど、事態は宗教対話の時代を迎えたわけですよ。

越前　うーん。

西村　だから、だから神父さんもね、カトリックの定型パターンではもうやっていけないんですね。私はそう思っているんです。俺はこう信じるということがあっていいんですよ。

越前　そりゃそうですね。

西村　私はそう思う。今、何のテーマだったかいな。幸福論か。またこれはあとでね。

越前　グローバリゼイションでは、本当の幸せになりませんというお話です。国境や民族や風俗習慣や文化などを否定し、お金だけがオールマイティの世界は非人間的で、反自然的で、バーチャル（仮想現実）な世の中になってしまうと思います。人は個性がみな違うから面白いのではないでしょうか。たとえば、同じ日本人でも、関西人と関東人は違うでしょう。また、私は東北人ですが、関東人と東北人は違うと感じております。

西村　うん。

越前　グローバリゼイションになったら息が詰まります。必ず民族主義的になると思いますね。

西村　そう思いますか。

越前　つまり、人間は画一性を嫌います。必ずまた多様性になると思いますよ。

西村　ねえ。

越前　でも、多様性だけど、一度グローバリゼイションを経験させて、お金とかさ、情報とかいうのはもうグローバルでしょう。しかし、グローバルになれない部分や面もあります。国家とか民族とか地域文化とかは、みな独自のカラーを持っています。それは変えられません。

西村　そうですよねえ。

越前　たとえば多くの外国人が日本に来ているでしょう。日本にいるのだから「日本に入っては、日本に従え」と教えるべきでしょう。しかし反面、彼らがいかに長く日本に滞在しようと、たとえば、うちの修道院ではミャンマー人が多く働いていますが、ミャンマーのアイデンティティーは変わりません。日本語が出来るようになるとか、仕事が出来るようになるとかは可能ですが、日本人のようになるということは不可能です。

だから、グローバリゼイションという世界連邦みたいな考え方は、こと文化や風俗習慣となると無理だと言わなければなりません。外国人を日本が受け入れるとしたら、このあたりが重要な問題であることを抑えておく必要があると思います。それは移民や難民を考える場合でも大事なことだと思います。

ある程度に日本人や日本の文化に同化してもいいという柔軟な考え方が出来る外国人だけを国家レベルで受け入れたらいいと思います。政治家はもっとしっかりと勉強して欲しいと思います。利害関係や人数だけの問題ではありません。私は外国人と一緒の共同体生活をしていますから、今申し上げたことは体験に基づいての意見です。

五十年以上も日本に滞在する外国人の宣教師と、同じ修道院に住んでいますが、彼らは何年も日本にいて活動し、中には帰化している宣教師もいますが、ドイツ人はドイツ人、アメリカ人はアメリカ人、スペイン人はスペイン人で変わりません。

西村　そりゃそうでしょう。

越前　また日本滞在の年月が五十年以上でも、日本語はよく出来ますが、日本文化についてはよく分かっていません。欧米の宣教師だからという面もあるかも知れません。日本に来たのはキリスト教を伝えるためで、日本の文化を学ぶためではない、という意識もあるかも知れません。

西村　うーん。

越前　仏教や神道のことが分かりますか。ほとんど分かりません。彼らの国民性や民族性を非難するつもりはありませんし、比較文化論に関し彼らと議論したいわけでもありません。しかし言いたいのは、日本にいて日本で活動したかったら、少しは日本語と日本文化のことを勉強したらいいんじゃないでしょうか。日本語学校で学んだくらいでは足りませんよ。

西村　ねえ。

◆ふたたび幸福について

西村　さっきの幸せ論がどこかへ行ってしまったよ。

越前　だから幸せというのは、西村先生も賛同すると思うんだけど、自分が幸せだと感じていたら、幸せなんじゃないでしょうか。

西村　ただ世の中には苦しんでいる人がいっぱいおるわけですよ。本当に不幸せな家庭状況とかね、いっぱいあると思うんですね。我々はいいところしか知らないけどね。で、その人らに自分は幸せと思わせるのが宗教だとしたら、宗教っていうのはやっぱりちょっと怪しいね。そりゃあなたは幸せなんですよって言ってみたところで、食べる飯もない、家の中は惨憺たる有様という人に、どう言うんですか。やっぱり宗教は何をすべきかというと、その人たちの悩みを聞いてあげるぐらいのことじゃないでしょうか。

越前　まあ、そうでしょうね。寄り添うことはとても大事なことだと思います。けれども、宗教家としては、それだけでは足りないと思います。宗教家はやはり悩み、苦しむ人に、神さまは必ず救って下さるから、信頼してお任せしなさい。そうすれば安心出来ます、という慰めの言葉を言うべきではないでしょうか。

西村　無責任にだけどね。あなた不幸せだって言うけど本当は幸せなんですよ、旦那さんもちゃんとおるでしょう、いくら酒飲んで寝とっても、死んでしまっておらんことを考えてごらん、とか何とか、上手いこと言ってね、宗教家は胡麻化してね、幸せと思わせようとする。

越前　そう。

西村　これは宗教家独特の傲慢だと思います。
越前　その通りですね。
西村　そうでしょう、そうすると不幸せと添い寝してやらないと救われない、つまりよく聴いてあげるということだと思いますよ。
越前　そういうことですね。
西村　それが出来るのは宗教だと思います。
越前　まあ、他の言葉で言えば、寄り添ってあげるということでしょうね。
西村　あー、寄り添ってあげるねえ。
越前　私なんかは一番寄り添わないけどね。
西村　へえー。
越前　ハハハ。寄り添わないけど話は聴きますよ。他人の話を聴くということはいたします。それは大学の教員として赴任したとき、すぐに大学のカウンセラーに任命されたからです。しかし本格的には、アメリカで本格的にカウンセリング心理学を研究し、学位を取得して同じ大学の教授として赴任してきた神父がいまして、彼に頼まれ一緒にカウンセリング研究所を立ち上げたときから、三十年あまり所員でしたし、いろいろな研修会やトレーニングにも参加しましたので、多少なりともカウンセリングの理論や実践方法を心得ているつもりです。

それに神父ですから、告解の秘跡をも執行します。従ってクライアントや相談者の話を無条件に受容しながら、聴くという努力はしているつもりです。

西村　相談に来る人って。

越前　相談に来る人は多様ですよ。分かり易く言えば、何か生活において悩み事があると、自分の胸にしまっておかないで誰かに言いたいわけです。あるいは、人というのは人生の三大岐路と言われる進学、就職、結婚にあたって、アドバイスや助言を求めて相談に来ることがあるでしょう。だいたい男性は相談事で、女性は人生の悩みや人間関係が多いですね。

西村　そうですか。あんまり同情したらいけませんよ、神父さん。

越前　いやいや、人の話を共感して聴くようには努めていますが、決して指示しないばかりか、同調したり同情したりはしないように注意しています。

西村　自分まで悩ましくなってきて。

越前　まあ、男にはそういう面があるかも知れませんが、女性の相談事でも、色恋の話でも、心理的な距離を置いて聴いているわけです。冷たいと思われるかも知れませんが、神父としては、そういうクールさがないと勤まりませんでしょう。

私たちは他人を助けることが出来るかも知れませんが、救うことは出来ないのです。救うのは神のみです。そうした神を信仰しているなら、最後は神に信頼して祈りなさいと、アドバイスをします。

西村　なるほどね。クールさが必要ですか。

越前　人の話を聴くというのは、難しいものですね。

西村　昔、私ね、「禅カウンセリングの可能性」っていう論文を本に書いたことがあるんです。その時、ロジャースという人の非指示的カウンセリングということを知りました。こちらはただ黙ってクライアントの話を聴くだけ。そりゃ大変ですってね。

越前　そうそう、クライアントセンタードアプローチなんて言って、クライアント中心でしょう。無条件にクライアントの話を聴くっていうんでしょ。

西村　あ、そう。

越前　その、「聴く」にも英語でいうと、to hear~「聞く」と、to listen to~の「聴く」があるでしょう。後者の聴くというのが、カウンセリングが言うクライアント中心の聴き方なのです。相手の言うことに関して、是非善悪の判断をせず、あるがまま無条件に受け容れるという聴き方です。

むろん、これはクライアントの気持ちや考えを、ありのままに受けとめるということであって、相手の主張に賛成することではありません。これがカール・ロジャース博士の主張したカウンセリング心理学の手法なのです。違いますか。

だから、クライアント中心のアプローチであって、カウンセラーが指示するのを博士は排除しました。クライアントの問題は、クライアント本人が解決する力を生得的に持っているというのが、ロジャースの立場です。これがオールマイティーとは、私も考えませんが。

西村　へー、クライアントセンタードアプローチと言うんですか。私が聞いたのは、インディレクトカウンセリングでしたけど。だいぶ前の話ですから。

越前　従来の身の上相談は、神父の長年にわたる宗教指導の影響もあって、指示的であったんです。それを間接的なアプローチ、すなわちインディレクトアプローチに変えたんでしょう。それも、カール・ロジャースの影響だと思いますが。

西村　宗教家は傲慢ですよ。

越前　彼は宗教家ではありません。西村先生が宗教家は傲慢だと言うときには、キリスト教の神父、牧師、宣教師を指して言っていると思いますが、当たっていると思い、反省します。しかし反面、キリスト教の教師は神のみ言葉を語り告げているのであって、自分の思想やイデオロギーを主張しているわけではないのです。ある程度権威をもって教えるので、傲慢と映るかも知れませんけど。

西村　「それはあなた間違っているよ、こうなんだ」と、すごく言いたがるんよね。

越前　そう、私なんか昔、よく言いましたね。

西村　そうでしょう。
越前　ハッハッハー。正直に認めましょう。
西村　何がクライアントセンタードですかいな。
越前　ハッハッハー。
西村　ファーザーセンタードじゃないですか。
越前　ハッハッハー。先生、なぜ言うかというとですね。たとえば、「お前、バカじゃないか、お前、好きな男がいるったって、相手が結婚して子供もいる男を好きになったたって、お前なんだよ」と言いたくて言いたくてしょうがない。しょうがないけどぐっと我慢して聴いてあげます。その上で、若干、神父としての助言をします。けれども、最終的にその人がどうするかは、その人の問題なんです。
西村　もし私がそうだったら、君の気持ちすごい分かるわー。そりゃそうやって、無責任に同情するだろうなあ。
越前　気持ちは分かるよ、と言いたいんですけど言わない。まずじっと相手の言い分を聴きます。その上で、よく考えて行動しなさいねって言って帰します。相手のために祈ることはあっても、あとは忘れるようにします。正直なところ、人の悩みを聴くということは、こちらの心身も疲れます。

西村　そうでしょうね。でも真剣よー。向こうさんは。

越前　そりゃ、相手は真剣です。ですから、当方も真剣に聴こうとします。けれども、私は神父として何かアドバイスを話すのならまだいいですけど、無条件に相手の話を受容しながら聴くということはエネルギーが要りますよ。それで疲れると申し上げたのです。それともう一つ、私は自分自身の経験からも、人間にはみな自然治癒力が備わっていると確信しています。ですから人はもっと自分自身を信じて物事に当たってほしいと願っているんです。宗教家は助けますが救うのではありません。救うのは宗教家を道具としてお使いになるでしょうが、神さまご自身なのです。

西村　そんなこと言うたらもう、宗教家の役目を放棄しているんじゃないの。

越前　いや、救ってあげましょうとか、助けてあげましょうという神父が多いでしょうが、私はあまり信用していません。

西村　それはダメでしょう。それには私も反対です。救ってあげましょうって、それは傲慢そのものや。

越前　人は本来、みな自分で自分を助けることが出来るのです。私はその信念です。

西村　だから宗教家はね、本当にその人の身に添ってあげられるってことだけが、あまり世間の人には出来ない領域だと思いますよ。

越前　そう。それは分かりますよ。

◆病いの見舞い方

西村　だから、前に言ったじゃない、病気見舞いに行ったら、その人のベッドに寝てみなさいって。

越前　それは心情として分かりますけど、実際にはしません。病気の女性の傍に神父が添い寝しますか。しませんよ。添い寝が必要なら守護の天使か、霊名の聖人がするでしょう。神はオールマイティーですから。西村先生は禅宗のお坊さんでしょう。神を認めないでしょう。だから、ご自分がするしかないでしょう。

西村　どんな慰め言葉言っても、病人の安らぎにはなりませんよ、困っている人にね。

越前　そうかも知れませんが、それ以上のことは、神父として出来ないのです。

西村　だからね、「そうー、エラいことになったなぁ、どんなん」って言ってね。「旦那はそないに、夜な夜な遅う帰って来るのね」とかね、聴いていって、もっともっと聴いてやってる内に、相手は阿呆らしゅうなってくんじゃない、向こうから。それをね、そんなん放っておきなさいとか言っても、本人には通じないんじゃないですか、そりゃ普通の人が言うことですよ。やっぱり宗教家ならどうするべきかですね。

越前　そりゃ私なんかすぐ反応したい衝動を感ずるからね、私は絶対にカウンセラーにならないって決めたんです。

西村　ハッハッハ。

越前　そう、身の上相談くらいならまだいいけど。

西村　あのね、相談に答えて指示をしようというのは間違いよね。

越前　そうですね。

西村　いいじゃないですか、神父を頼って来てね、「聞いて下さい、ウチの旦那はね」って言ったら、「何ですか、その旦那は」って言ったらいいのに、「君も悪いよ」なんて言うんだから。

越前　さ、次の話題にしましょう。

西村　いや、いや、惜しいなぁ。えーっと今どんな話だったかな。要するに苦しんでいる人に指示することよりも、寄り添うということが宗教家、むしろ宗教家ならばこそ出来ることじゃなかろうかと。宗教家はすぐ教えようとする。とんでもないことです。

一般の人は相談にもあずからないから罪が無いけど、宗教は頼られるから罪深いですよ。その人に無責任にこうしなさい、ああしなさいって言うことはやっぱり罪深いと思う。これは、反省すべきことだと思いますよ。そのためにはね、宗教家そのものが苦しんでいなければダメです。

神父さんはね、常に皆んなから崇められてね、神父様、神父様って。僕らなんかはね、誰も尊敬してくれない。

越前　何言ってますか。坊さんは皆んな尊敬されてますよ。

◆檀家・信者との付き合い方

西村　いやぁー、尊敬なんかされてません。何でかっていうと、皆んなで肩組んで飲んでばかりおるからね。檀家のオッサンとカラオケに行ったりしてね。ウチの寺にカラオケを寄付した人がいてね、法事が済むとね、それじゃ、これからバー興福寺に行きましょうかってね、付いてくるんですよ。

越前　お寺さんはいいですね。

西村　これから帰るからねって電話するとね、女房がね、只今準備中でございますなんてね。

越前　ハハハー。

西村　今はもうやってませんけど、私が五十か六十頃にはね、誰が来ても、部屋の電気を消してね、自分で作った蝋燭、アメリカの学生に習ってきた自作の五色のでっかいキャンドルを立ててね、カラオケ歌うんですよ。

越前　いいねぇー。
西村　これを称して「バー興福寺」。そうするとね、青年たちが法事のあとを楽しみにして、和尚さんのご馳走は俺が持ってく、いや俺が持ってくって取り合いっこになるんですよ。
越前　ハハハ、そう。
西村　ま、そんなことで、檀家と仲良くしていることが第一条件。何にも教えたらあかん。向こうから聞いて来るまでは、何を説いても馬の耳に念仏。一緒に肩組んで酒飲んで、それでカラオケ歌ったら、「和尚、こんな話どうしたらいいんやろか」と問いかけてくるわけ。「えっ何じゃそれ、けしからんなあ」って言うと、相手が千万の味方を得たように安心する。
うっかり、「君も悪いんじゃないの」なんて説教したら、もう檀家が逃げていく。仲良くしているだけで、皆んな救われているんですね。和尚が付いているからってね。相手に言って聞かせるんじゃなくて、別の話をする。「こういう人もあるよ」とかね、その程度ですね。「こうしなさいよ」って言えない。自分が苦しんでいるわけでもないのに、当人の苦しみが分かるはずがないから、「この間ね、こういう人がいてね、こんなこと言ってたよ」ぐらいのことにしないとね。第三者のことを聞けば誰でも冷静に判断出来るんです。そして「やっぱり相談して良かった。俺が間違っていたんや」ってなるんですね。ふだんから僕を信頼してくれているから、皆んなよくやって来ます。なのにしたり顔でお説教なんかしたら、皆んな逃げていくんは当たり前や。

越前　求道者や信者の人から質問やリクエストがあれば、出来るだけ分かりやすくお答えしますが、それは教会の教えとか、戒律とか、典礼とか、また信者としての心得や生き方などについて、訊ねられたときです。つまり教えます。

西村　うーん、教えるというのは教義をですか。

越前　私は日本人に対しては、本当の安心立命を得たければ、神さまと救い主である主イエス・キリストを信じて、祈ることが一番大事であると教えます。信仰と祈りがあれば、あとは教会が教える信仰箇条や戒律や典礼や共同体のルールなどは、割合い容易に説明出来ます。問題はそれを真実と信じ、日常生活で実践していくかどうかですね。それは各人の自由の領域ですから、宗教家といえどもノータッチです。

あとは先ほども話し合ったように、日常生活における悩みや、苦しみや、心配などに関する相談ですので、カウンセリング的な手法で、なるべくあるがままに素直に聴くことにし、最後に意見や感想を言います。

西村　それを聴くか聴かないかは、向こうの勝手やからね。いくら言っても聴かなきゃダメですもんね。

越前　ロジャースが言う純粋なカウンセリングの手法には、私は全面的には賛成じゃないんです。なぜかというと、人間学の立場から言っても、人間は自分の知識の範囲内で物事を選択し行動しますので、知識が大前提になるから、知識を与えるということが大変重要なのです。これが私の信念です。多くの人は知らないから不幸になっていると思うんです。

西村　なるほど。

越前　だから、人々に真理を知らせるため、ということで説教はしますけど、ふだんは、物事の筋道を語っているんです。たとえば、西村先生の興福寺に行くには、こういう行き方がありますよ、と説明するように。

西村　うん、うん。

越前　なぜかというと、今まで随分長い間、生徒や学生のために教鞭を取ってきましたが、そこで感じたことは、ある人が知っていた上でそれを選択しなかった、という自覚があるなら大丈夫ですが、多くの場合は知らないで選択しているんです。

喩えになりますが、真っ赤に焼けた火箸だと認識していれば、火箸を掴むことはないでしょう。しかし、それが焼けている火箸だということを知らなければ、掴むでしょう。そうしたら、大変な火傷をするでしょう。それと同じで、それが悪いということが分かっていれば、大概はしないでしょう。しかし、悪いということを知らなければ、平気で悪事をすることになるでしょうね。

西村　そういうのが多いねえ。

越前　だから、やっぱり宗教家の仕事は、学校の先生と同じように、知識を与え教えることでしょう。「知は力なり」という言葉もありますからね。

西村　それでね、あともう一つは、坊さんだからといってね、若いくせに人を指導しようとする。私はそれが気に入らんのです。私自身が若い頃から、まあ学校の教師ということもあったし、よく若い頃から、結構老人クラブなんかに頼まれて、ああだこうだといっぱいお話ししました。よくそんなことが出来たもんだと、自分が年寄ってから恥ずかしくなった。まあ、やっと八〇を超えてから、老人の本当の気持ちが分かるようになった。老人大学とかに行ってね、この若造がですよ。それを黙って聴いていてくれた年寄たちの方が、やっぱり偉かったってね。

越前　うーん。

西村　よく、我慢して黙って耳を傾けてくれた、と思うくらいです。今、自分が見ると、やっと和尚になったばかりの四十五十の洟垂《はなた》れ小僧が、偉そうにすべて分かっているような顔をして、お檀家に向かって説教しておるんです。こんないくら宗教家だと言っても、人生経験というものが無いのに、よくやると思います。これもやっぱり私の思い上がりだったかな。ハッ、ハッ。

越前　いや、私も若いときから随分説教しましたけど、まあ若いから言えるってこともありますよ。今だったら面倒臭くて、しないでしょうね。

西村　ところで神父さんね、あなたは自分を幸せだと思ってますか、不幸だと思ってますか。

越前　そりゃ、幸せだと感じていますよ。

西村　本当に幸せですか。あのね、傍《はた》から見ているとね、神父さんは結婚もせず、子供も無くて、幸せなんだろうかと思ってしまうんですけど。
越前　住む家はありますが、自分の家というのが無いしねえ。
西村　ほらね。一生共同生活で、自分の家もお持ちでないし。
越前　そう。
西村　いや、嫁さんもろうて、子供いてというのも、決して幸せとは限りませんよね。それどころかそれはそれで苦しみがいっぱいありますよ。家庭を持つということは、大変です。
越前　そりゃ、そうでしょ。
西村　屋根が漏れたら大工さんに頼んで、高い金払って修繕しなけりゃならんしねえ。
越前　修道院はいいよ、何も無いからね。
西村　ただ、ほんのちょっとしたことで、幸せを感じるっていう程度なんです。ほんの一言でね。お風呂入ってね、あまりゆっくり浸かっていると、息子がドアを開けてね、「親父、大丈夫かい？」って案じてくれる、これだけの幸せですけどね。
越前　なるほど。

◆苦あれば楽あり

西村　ところがそのためには、日常生活の中で、かなり辛抱しなければならん。皆んなね、自分の女房に満足しとると思ったら大間違いや、神父さん。幸せはどんなところにあるか、やっぱり状況の問題ではなくて、自分に与えられた運命を喜んで生きるかどうか、だけの問題ですねえ。昔、『禅道俗話』という嵐山天龍寺の間宮英宗という管長さまが書かれた本がありました。中学生のとき、私が最初に読んだ「禅の本」なんですが。寺の居間にこの本だけ読まないまま棚の上にポンって置いてありましたので、初めて手を出して読んだんです。

そしたらこんな話が書いてあったんです。ある年の大晦日に橋の上でね、お武家さんが、商人に借金の催促されているんです。徳川時代の末です。刀を差した侍さんが、商人に返済を迫られている。あのお金をお戻し下されってね。拙者はまだ金が無いのでって、謝《あやま》っとるんです。侍が商人に謝っとる。それを橋の下に住んでいて聴いていた乞食の親父が息子に、「おい、あれ」と、息子に向かって言うんです。「あれ見てみろ、お武家さんがああやって謝っとるじゃろう、ワシらはああやって誰にも謝ることはない、ほんとに気楽で有難いことじゃ」ってね。「そんな幸せな暮らしにしてもらったのは、誰のお陰と思うか」って言ったというんですよ。私、そんな考え方があることを知って、子供心に、へー面白い考え方があるんやなあと思った。

越前　面白い話ですね。

西村　まあ、そういう考え方もあるんですねえ。

越前　こういう面白い話がいっぱいあるんだよね。キリスト教にもあるんでしょうけど、日本にはほとんど紹介されていないね。

西村　もちろんあるでしょうね。私は、あのドイツのマリアラーハ大修道院へ滞在したときにね、接待係の神父さんに、修道士の逸話を書いた本ありませんかって頼んだらね、街に行って買って来てくれました。このくらいのね、"WEISUNG DER VÄTER"という逸話集を買って来てくれたんです。中世の修道院にはね面白い話がいっぱいあるんですね。

ある修道士は修道院に入って来て、先輩の修道士から「従順」っていうものを教えられたんです。その実践として、「ここにある枯れ木に、毎日水をやりなさい」と命じられた。そんな阿呆なことと思いますが、それでも修道院に入った以上は従順を誓ったんだからね。

それで彼は毎日バケツで水を運んで、何ヶ月も枯れっぱなしの木に水をやったら、なんと芽が出てきたっていうんです。ハッハハッ。そんな話がいっぱい書いてある。だから、彼ら修道士にもきっと、思いがけないところに幸せというようなものがあるんじゃないか、と思うんです。

越前　修道院の中には、そういう話はいっぱいあったと思いますよ。ただ日本にはあんまり紹介されていませんね。売れないからでしょうね。

西村　そうですか。私、死ぬまでに訳して売ろうかなあ。

越前　うん。彼らのそれぞれの国には、それぞれ面白い話があるでしょう。いや、ありましたよ。私どもが若いとき、修道院の生活をしながら、勉学をしていたときなど、悪戯する奴も結構いましたからね。

西村　あるでしょうね。

越前　そりゃあ、修道院っていうのは閉鎖的な社会ですからね。いっぱいありますよ。

西村　そうそう、面白い話いっぱい、あるはずだと思うよ。

越前　ただ、修道院っていう所はね、まあ仏教もそうだと思うけど、独身男性の共同体生活でしょう。ですから、色気がないんです。私が修道院に入ったのは、二十五歳ですが、一度も色気のある話を聞いたことがないんです。あるとすれば、学校という職場か教会でした。そこは、男女一緒ですからね。

西村　それで神父、もう一回聞きますけど、あなたは本当に幸せですか。

越前　本当に幸せですよ。

西村　アッ、ハッ、ハ。

越前　理由は簡単じゃないですか。何も無いからですよ。

西村　アッ、ハッハ。なんやら、やられたなぁ。

越前　禅の方で、先生の好きな言葉は何ですか。

西村　僕ですか。ある、ある。

越前　私もたくさんありますが、「無《む》一《いち》物《もつ》中《ちゅう》無《む》尽《じん》蔵《ぞう》」ですかね。

西村　「花有り、月有り、楼台有り」と。

越前　何にも無いんですからね。

西村　何にも無いから幸せなんですね。

越前　そう、そう。

西村　何も無いんだったら、幸せも無いはずじゃないの。

越前　そう、あなたが言う幸せは無いかも知れませんけど。アッシジの聖フランチェスコではないが、「わが神よ、わがすべてよ」という霊的体験が、真の幸せなのです。

西村　いやぁ、僕は生活の中でいろんなしがらみがいっぱいで落ち着きませんが、一件落着するとやっぱりほっとして、幸せみたいなものをちょっと味わいますね。神父さんはどうですか。

越前　そんなの無いですね。あまり大袈裟な幸福論という話じゃないけど、たとえば、私は毎週ね、「キリスト教講座」というのを開いているんです。木曜クラスと呼んでいますが。木曜日の夕方にね。それがあるときはやっぱり幸せ、というか楽しいんです。もう五十年くらい続いていますが、これなどは自然的な楽しみというより霊的な楽しみといったほうがよいかも知れません。講座では、神の御子主イエス・キリストの福音を解説しているわけですから。自分の思想や学問ではないですよ。

西村　そりゃ本命ですから、楽しいでしょうね。

越前　もう一つ。なぜ楽しいかというと、自由に言いたいこと、喋りたいことを喋って、自分の感情を発散しているからでしょうね。

西村　言いたいこと喋っているからね。そりゃそうでしょう。充実感でしょう。

越前　だからそういうのが何も無くなっちゃうと、幸せかも知れないけど楽しくはないですね。

生活が楽しくはないでしょうね。

西村　生活は楽しくないはずですよ。苦労が無いもんね。

越前　苦労が無いんですね。

西村　苦労があったら楽しいんだけどね、苦労が無いとねぇ。でも苦労の無い人が、苦労している人に説教出来るんかなあ。

越前　宣教や伝道は出来るでしょうが、説教を垂れることは出来ないでしょう。

西村　だったらそんなもの職業放棄じゃない、ハッハッハ。

◆教会と寺院

越前　だから、私は説教師ではない。教会で活動する神父じゃないんです。
西村　あっ、それ聴かせて。それじゃ神父は神学者なんだ。
越前　長いあいだ学校の先生を勤めてきたから、神父という身分ですが、仕事や活動からいったら教師と言ったほうがよいかも知れません。
西村　学校の先生だといわゆる信者は無いんですか。教会の神父ではないって。
越前　信者は教会に所属していますから、教会の信者です。神父の信者というのはありません。
西村　あ、そう、神父さんってどんどん教会を移るんですか。
越前　まあ、代わるといえば、代わるでしょう。どこでどういう活動をするかは、上長によって任命され派遣されます。たとえば山口地方の教会で司牧しなさいとか、あるいは学校で教鞭を取りなさいとか、信者たちの黙想指導をしなさいとかね。
西村　あーそうなの。変わるんですか。そこが違うんだ仏教寺院の住職と。聞いてみんと分からんなあ。
越前　まあ、ローマ・カトリック教会も宗教教団の一つでしょう。カトリック教会という宗教教団にはたくさんの小さな教会があります。仏教のお寺さんみたいなものです。その小教会の主任司祭として任命を受け、派遣されるのです。小教会には多くの信者がいます。その信者の霊的世話をするのが、教会の神父の主な仕事です。

繰り返しますが、ある土地に小教会があると、その地域に住んでいる信者はその教会の所属メンバーです。主にその人たちの霊的倫理的な世話のために、教会の神父は働いています。けれども小教会を構成し、支えているのはその教会に所属し、その地域に住んでいる信者たちです。

西村　神父は代わるんですね。

越前　プロテスタントは違うかも知れません。プロテスタントは教会の信者たちが、牧師家族の生活費を支払っています。したがってある意味で、その牧師の信者であるとも考えることが出来るかも知れません。逆に言うとその牧師は信者に奉仕する牧師と言えるかも知れません。カトリックの信者は、洗礼を授けた神父の信者ではなく、カトリック教会の信者であり、特定の教会に所属します。維持費は教会に納めるのであって、神父にあげるのではありません。

西村　へー。洗礼を授けても、自分の信者じゃないんですか。

越前　洗礼を受けたら信者になりますけど、洗礼を授けた神父の信者になるわけではありません。他の宗教のことはよく分かりませんが、場合によっては、自分の信者というか、自分の弟子というか、要するに自分に依存させているケースもあるんじゃないでしょうか。

西村　やっぱりそういうのもあるんですか。

越前　いや、カトリックにはありません。けれども、たとえば私のキリスト教の講座クラスに出席し、洗礼を受け、そのあとヘルパーをしてクラスを助けてくれる信者は、私のクラスの生徒ですと言えるでしょう。ずっとクラスにいるわけではありませんが。

西村　そうですか。それで、神父様といっても、自分の教会を持っていないんですか。

越前　持っていませんし、自分の教会というようなものはありません。

西村　だから、私は司祭ではない、と言われたんですね。

越前　はい。司祭と神父は同義語ですが、司祭というときには、主に典礼行事を執行するときや、教会内の司牧《しぼく》（信者の指導・世話をすること）活動をするときに使われます。神父というときには、一般社会で身分を示している言葉なので、職業としては、学校の教師をしたり、マスコミで活躍したり、それぞれ自分の才能を発揮して、社会で活動するときなどの身分紹介ということになります。

西村　どっちが上ですか？

越前　上も下もありません。

西村　機能が違うんですね。

越前　そうですね。機能が違うと言ってもいいでしょう。

西村　いやあ、私なんかはね、二足草鞋でね。家に帰って来ると和尚さんです。そして電車に乗って大学で行って教えると先生です。完全な二足草鞋。これもなかなか大変でしたよ。
越前　でも、西村先生の興福寺には、要するに檀家さんというのがいらっしゃるでしょう。
西村　あります。
越前　檀家さんは別にあなたの信者さんってわけじゃないでしょう。
西村　いやいや私の信者さんです。信じてくれていなくても。
越前　あなたの信者ですか。
西村　そう言われれば私の信者じゃなくて、寺の檀家です。
越前　信者は教会の信者です。これは同じかも知れませんが、小教区という小教会は、私の家ではありません。プロテスタントの場合は、檀家さんと似ているかも知れません。教会は牧師家族の所有ではないかも知れないけれど、生涯使用権があります。カトリックはそうではありません。任命され派遣された神父は、次の移動があるまでその小教会に留まり、司牧活動をしているということです。
西村　なるほどね。教会を盛りたてているメンバーの一人なんや。
越前　そうそう。
西村　だから、その神父さんがまだおりたいって言っても、管区長さんがあっち行けって言ったら、どこへでも行かなければならん。
越前　そうです。
西村　やっぱり神父は導きだけの人ですね。それでその教会がどうかしてぶっ潰れそうになったからといって、神父さんは一緒に悩んで考えてくれないわけですね。
越前　そんなことないですよ。しかし自分の教会といっても、現在のはたらきの場であって、自分の所有物ではない。たとえば、私のクラスで問題があれば、出席しているメンバー全員で協議します。最終的には、責任者の私が決定しますが。
西村　そこが違います。日本の仏教の坊さんは、寺をいかにして復興し、維持し、修繕するかっていうの、大仕事なんですよ。
越前　それはそうでしょう。あたかも自分の家みたいなものでしょうから。
西村　ほんと、ほんと、そりゃそうですよ。
越前　本当は教団のもの、臨済宗なら臨済宗妙心寺派のお寺さんでしょうけどね。
西村　まあ、そうです、そうです。宗教法人。
越前　自分のものじゃないけど、維持管理が住職に任せられているから、あたかも自分の家であるかのように思ってね。
西村　その通りです。なんか幸福論が、エライ深刻な寺の維持の話になってきた。

越前　そんなことないでしょう。先生の興福寺さんは「幸福を興すお寺」ですから、本当にいいお寺さんですよ。いい所にありますしね、滋賀県の。

X　死を迎える態度

◆逆立ちして死んだ禅僧の心

西村　臨済宗には白隠慧鶴《はくいんえかく》という方がおられて、今年は二百五十年遠諱《おんき》の催しをあちこちでやっています。その白隠慧鶴という人が、「死の一字に参ぜよ」と言っている。事実、死という字をいっぱい書いています。大きな字で死という字をね。禅宗では死の一大事とも言います。死は一大事です。

正岡子規が禅は平気で死ぬことだと思っていたら、平気で生きることであった、と言っています。坐脱立亡《ざだつりゅうぼう》と言いまして、禅宗では坐って坐禅して死ぬとか、旅装束して立って死ぬということが、今でも理想とされているんです。

だから今でも私が知っていた人で、いよいよ死の時節到来せんとなったら、枕を蹴っ飛ばして、ベッドの上で脚を組んで結跏趺坐《けっかふざ》して。結跏趺坐というのは両足を組むことを言うんです。足の裏が上向きにならないと坐禅じゃないんですね。跏という字は足枷という字ですね。結跏趺坐して死を迎えるということが、禅僧の理想です。なかなかそうはいきません。中国唐時代の禅僧で死ぬときにパッと木の枝にぶら下がって死んだ人もいるんです。本当かどうか知らないけれども、そう書いてある。いよいよとなったときにパッと飛びついてパッと死ぬ。

越前　これは皆んな臨済宗でしょう。

西村　自分で死を迎える。殺されるんじゃない。閻魔よ、来いと。唐の時代に隠峰《いんぽう》という面白い和尚がいて。隠峰倒立というお話が伝えられています。皆んな立って死んだり坐って死んだり、木にぶら下がって死んだりするけれども、「逆立ちをして死んだ奴はおるまい」と言って、逆立ちをして死んだ。こういう阿呆なことを禅坊主はするんですなあ。ちゃんと記録されて伝わっております。でもこれはどういうことを言っているんでしょう。

つまり自然に任せて死ぬのではなく、自分で死を迎え入れる。死をも自分の思いのままにする。そういうことでしょうね。死ぬということも並みのものじゃない。

道元禅師の『正法眼蔵《しょうぼうげんぞう》』九十五巻の中に、「生死《しょうじ》の巻」というのがあるんです。そこに「生より死にうつると心得るは、これあやまりなり」とね。つまり生きていた奴がずるずると物が言えなくなって息がぷつん。こういうのが生より死へ移るということですかね。

そして続いて、「生はひとときのくらいにて、すでに先あり後あり。滅もひとときのくらいにて、また先あり後あり」ってね。生きているものが死ぬということは、生の延長線上に見るでしょう。道元はそうは言っていない。生から死へうつると心得るなかれ。生はひとときのくらい、死もまたひとときのくらいで、先あり後ありとね。そういう意味では生と死は同じものなんですね。これを生死一如《しょうじいちにょ》と言います。われわれは普通、死を生の否定と見ますね。それは間違いない。しかし道元にとって、生も死も同格です。それを生死一如とも言いますね。

もう一ついいのがある。「生也全機現《しょうやぜんきげん》、死也全機現」。こういう言葉があるんです。ここで見ると生と死が同じに扱われています。生もまた全機現、死もまた全機現。死んだらダメだということではない。死んだら死んだでその人の丸出しなんです。だから、監獄へ放り込まれて死んでも、これはその人の丸出しです。全露している。どこも欠けたところが無いという。こういう見方ですね。

石川啄木に「剽軽《ひょうきん》の性《さが》なりし、友の死顔の青き疲れが、いまも目に見ゆ」なんていうのがあります。つまり、死によって生きていることが否定されてしまった、ということではないんですね。死んでもまだ生前の彼が青い顔しているると、啄木は言っているんですね。死んでいて死んでない。馬鹿なことばかり言って人を笑わせていた奴ですが、青い顔して死んでいるというのはいいな。彼は人を笑わせながら、その分、自分で非常に苦しんでいたのかな。面白いですね。啄木においては、生前の彼の面白い顔がネガになって、青き疲れとして見えた。活き活きして捉えられている。死んだら終いということではないんですね。

『葉隠《はがくれ》』ではないが、「武士道とは死ぬことと見つけたり」ですね。『葉隠』には沢庵和尚の影響を受けて禅の要素が入っています。「武士道とは死ぬことと見つけたり」。果し合いをやっているただ中に死があるんです。死が入っているんですね。やっぱり生死一如。

あるいはこういう言葉がある。「生死交叉の時いかん」という、弟子に向かっての禅僧の問いです。「生と死が交わっているところを、一言で言ってみろ」と言うんです。死んだ真似をすると、生きているじゃないかと言う。生きている真似をすると死んでいるじゃないかと言われてしまう。死ぬ凄さを示すんです。

生きているのか死んでいるのか分からないようなのはダメ。死ぬならさっさとはっきり死ねということですね。生きるのなら生きているらしくしゃんと生きろというところで、ずばっと切っている。切ることによって生と死の質が同じになるんです。生きている奴が死ぬというしょぼくれムードでは、皆んな死ぬのは嫌だとなる。そうじゃない。死ぬということも、生きるのと同様に価値の高い、質の高い一人の人間の在り方なんですね。そう心得るのが、禅の教えのように思いますね。

だから、私は、今、生の一番いいところを送っていると思います。本当に怖いもの無しですし、なんせ生き過ぎて、八十で死んだお釈迦様よりも四つも上ですよ。白隠慧鶴は数えの八十四で死んでいますが、私は数えで言うなら八十六ですから私の方が上。私の今の内容は、お釈迦様でもご存知あるまいと。

お釈迦様は八十で死んだんやから、八十四のことを知るわけがない。老いの情けなさも愚かさも含めて。だから、怖いものがありませんから、今、なんでも皆さんに言って歩いて、人を笑わせておりますが。こんな愉快な今の生はあと何年やろ。若いときなら、将来何が起こるか分からないと思っていたけれども、もうこの歳になると何も起こらない。今のこの充実した生を、そのまま死にしたいと思っています。本当にそう思っている。

家族の者にももちろん言っているし、遺言も全部書いてあります。本当にそう思っている。今死んだら素晴らしいだろうと思う。だから、死ぬのが惜しいなんていうことは思いません。もうすることないもの。

この頃、外国から全然お呼びがかからないんですよ。何んでかと思ったら、私はこんなに元気なのに、私を精出して呼んでくれていた外国の学者が皆んなリタイアしちゃって、そういう権利を全部若い者に奪われたから。若い者は私の存在を知りませんからね。もう誰もいなくなった。そのうちに外国から呼ばれなくても、地獄からお呼びがかかりますよね。地獄には私とよく似た奴がいっぱいおりますからね。あいつを引っ張って話をさせようかというわけでね。

◆魂の不滅（キリスト教の死生観）

越前　西村先生のお話が面白いので。ところで私の死生観というより、キリスト教の死生観といったほうがよいかも知れませんが、ナザレのイエスは三十五歳くらいのとき、エルサレムで、当時イスラエルを統治していたローマ帝国の総督、ポンティオ・ピラトによって十字架の死刑の宣告を受け、カルワリオの丘（現在はそこに聖墳墓教会が建っている）で処刑され、死にました。それが金曜日でした。しかし、かねてより予言されていたように、三日目（つまり日曜日の朝早く）に霊化された栄光に輝く身体で復活されました。

復活されたイエスは四十日間も使徒たちや弟子たちや信者たちに出現されていますので、疑うことが出来ない出来事でした。その出来事を信じ、洗礼を受けた人々の共同体が、カトリック教会です。主イエス・キリストが死んで復活されましたので、私たち人間は、いつか必ず死にますが、やがて世の終わりにキリストのように復活します。

したがって、キリスト教の教えも一般の人々が考えるように、死ぬということはその人の霊魂が身体から離れて、あの世に行くことです。それを霊魂の不滅と言います。死んだ身体は腐敗して、土に帰ります。これが普通の人の死生観だと思います。現代人は、霊魂の不滅ということも信じないようですが、そういう人が死ぬと、そういう経験をするでしょう。

人は信じた通りのことを経験するものなのです。神がいないと思えば、それを経験するし、神がいると思っていれば、神を経験するでしょう。だから、魂が無い、死んだら無になると思い込んでいれば、そういう状態を経験するでしょう。いずれにしろ、経験する主体が存在するわけです。それがあなたという人間です。

さて、魂の不滅を信じ、認めている人は、自分の生前の思惟、感情、言語、行為によって創造してきた自分自身を、死後もさらに進化・向上させようと努めるでしょう。さらに、いつの日か、霊化された栄光の身体をもって復活するでしょう。そして、三位一体の神を眺め、愛し、称えながら、自分自身を神の子としてますます成長させていくでしょう。これが、キリスト教や聖書が教える死生観のエッセンスです。

西村　本当に魂は死なないんですか。

越前　魂は霊ですから死ぬことがありません。ただ、魂の状態はいくらでも変化しますよ。魂の主なはたらきと言えば、真実（真理）を知ることと、愛することと、創造することなのです。ですから、永遠に眠っているということなどないのです。ただ、便宜的に表現しているだけです。

ですから、現世や身体から魂が離れていくという現象においては、死は別れと言えるかも知れません。しかし人は死んで無になるのでは、決してありません。死骸は火葬場で焼かれますが、魂は生きているのです。

かつて臨死体験という書物がたくさん、出版されたことがあって、私もよく読みました。それによると、瀕死の状態で魂が身体から離れ、ベッドに横たわっている自分の身体を自分が見ているという現象を体験しているじゃないですか。宇宙の塵に帰った自分の身体も、いつか霊化された栄光の身体に復活して、魂と合体し、まったき自分自身にまたなるのです。

西村 なるほどね。

越前 今、言ったように、魂は不滅の霊であり、知恵と自由意思と創造の能力を持っていると、私は信じています。また神さまと生命というのは、同義語だと私は思います。だから、生きる目的というのは、西村先生は「己事究明《こじきゅうめい》」という素晴らしい言葉を教えて下さいましたが、それは結局、本当の自分というのは何者かということを、経験的に知ることだと思うんです。

経験的に知るためには、まず自分自身というものを認め、表明し、表現し、創造していかなければならないと思います。つまり、自分は何者であるかというのは、抽象的に概念として知っているかも知れませんけれども、それを経験するためには、実際の生活の中で、つまりこの人生において、何かをしなければならないでしょう。

たとえば自分が人を愛することによって、愛が何かということを経験で知るでしょう。あるいは、悟りという言葉を使うか使わないかは別にして、真実はこういうことだと分かれば、それが分かったということを人々に伝えるでしょうし、表現するでしょう。あるいは、自分はこういう人になりたい。たとえば、私は知恵と愛のある人になりたいと思っていますが。そのためには、そういう自分を創造していかなければならないでしょう。

仏教でもキリスト教でもよく問題になりますけれども、要するにエゴというか、我執があるから、さまざまな問題を創造するでしょうが、私は自我というのは死んだら無くなるだろうと思っています。

だから、死んだら何を本人は経験するかというと、真の自分すなわち自己だと思うんです。でもその時に、自分がこの世で何をしたのか、誰のために何をどうしたのかというようなことを全部思い出すでしょう。だから、生きている間は忘れることがありますけれども、死ねば忘れるということはないのではないかと。ある意味で、死というものは本当の自分になるためのチャンネルではないかと思います。

西村　死ぬということは、本当の自分になることですね。

越前　そう。チャンネルだと思っています。道だと思っています。

西村　神に帰るということですね。

越前　神に帰ると言ってもいいでしょうけれども、すでにここにいるときにもう神は存在していますから。要するにこの世とか身体というのは、先ほど申し上げましたように、真実の自分とは何者かということを経験するための一つの場であり、チャンスなのではないでしょうか。

まさに死もまた己事究明のための場ではないでしょうか。死んでから己事究明が始まるかどうかは知らないけれども。その辺は、私も死んでいないので分からないけれども。死んだらどうなるか。死んだらそれでもう完璧になるかどうかは分かりませんけれども。死を迎えることによって自我から解放され、本当の自分になるのだろうと思います。非常に抽象的、概念的な言い方ですけれども。

西村　自我から解放されるんですね。

越前　うん。だから死は祝福であり、歓喜なのではないかと秘かに考えています。別に自殺するわけではありませんけれども、死ななければ本当の自分が何者かは分からないだろうと思います。私は死んだら本当の自分が何者か分かると思っていますので、死が訪れるときは歓迎したいと思います。

また、人はどういうふうに死を迎えるかといったら、私は自分が死ぬということが分かって死ぬんだろうと思っています。禅宗の坊さんのように格好良く立ったままで死ぬか、逆立ちして死ぬか、それは別にして、別に格好つけて俺は悟っているというポーズを示す必要はないんだけれども。死ぬなら、死んで本当の自分というものを経験する。本当の自分というのは、神と一体である自己でありますから、それを経験するんじゃないかなと思っています。

西村　あくまでデモンストレーションであって、逆立ちして死んだりしてもまるで意味がない。こういうふうに俺は死を自分でコントロールしているんだ、というデモンストレーションだと思うんだよね。

◆来世はあるか

越前　だから、それでいい。今、ここで私が問題にしたいのは、多くの日本人は死んだら無になると思っているんですよ。私はそれに対してどうしても反論したいのです。死んだら無になるのではなく、真実の自己に変身すると言いたいのです。亡くなった人は、永遠に存在するし、生きています。

どういう姿で生きているかは、千差万別、無限に多様でしょうが。そういう真実を仏教は教えませんね。だから、お葬式が最後のお別れになってしまうんじゃないですか。亡くなった人が生きているというふうに、どうして仏教ではっきり教えないのかなと思っているんだけれども。それは魂についてお釈迦様が教えなかったからと言うんでしょう。それがまた仏教に対しての不満なんですよ。

西村　もっと不満なのは、浄土真宗のお葬式に行ったんです。お葬式が済んで、坊さんが衣を着替える。出棺のとき息子が、「親父が死にまして、こんなにたくさんのお見送りしていただいて、さぞかし親父も草葉の陰で喜んでいることでしょう」と挨拶をしたんです。そうしたら、浄土真宗のお坊さんが、「おい、おい、あんなことを言わせておいていいのかい」と言ってるんです。あれえ、何を言うのかなと思って聴いていたら、死んで草葉の陰なんかにおるものか、と言っているんです。なぜかというと親鸞が教えている通り、死んだら即得往生《そくとくおうじょう》。往生を遂ぐと言うんです。草葉の陰にふらふらとおらんと言うんですよ。それはもう徹底して浄土系の宗教の教えるところです。即ち得る往生だから。だから面白いんですよ。浄土真宗のお家でやるお葬式に行くと、坊さんはその祭壇の写真や死体の置いてある前ではお経は読まないんです。奥の方の仏壇で読むんです。だから、花がいっぱいあるから坊さんの姿は見えないんですよ。奥の方でやっているんだけれども、どこでやっているかは分からない。

ということは、もう既に極楽へ行った死者にお経を上げている。死体はそこにおるんですよ、まだ棺桶の中に。というわけで、浄土真宗はいわゆる精霊信仰はもっていません。だから、浄土真宗にはお盆の行事もありませんし、第一、お位牌というものがない。そんな所に宿るスピリッツなんか無いと、それはもう徹底しています。

ところが、浄土真宗以外は各宗とも、やっぱり弔うとかいうことを、よくやるんです。お盆が来たら精霊を迎えてね。

越前　だから、やっぱり亡くなった人が生きている、と信じているんでしょう。
西村　そうですよ。民間信仰として。ところが浄土真宗だけは絶対に信じない。
越前　親鸞さんはそう教えたのかな。
西村　そうでしょうね。即得往生。もう浄土へ行ってしまっているんだとね。
越前　即得往生と言ったって、生きているわけじゃないですか。あの世で生きているわけじゃないですか。
西村　そう向こうで生きているんでしょう。けどもう帰って来ない。
越前　向こうに行った人はこの世のことが分からない、なんてことは無いんですよ。話はちょっと飛びますけれども。臨死体験というのは、死んだ人ではないんだけれども、心臓が一時止まって、その時に魂が自分から抜け出て、自分の身体がベッドに寝ているのを見ているんです。自分が自分の身体を見ているわけです。

周りでは、死んだというので、皆んな悲しんでいるんです。しかし、俺はここにいる。生きているんだと叫んでも聞こえない。しかも、臨死体験者は、身体から離れた瞬間に、楽園のような所で、安らぎと喜びに満たされているんです。そこに光の生命が現れます。それをキリスト教徒は主キリスト様と言うでしょうし、浄土門の信者なら、阿弥陀様と言うかも知れません。ともあれ、無上の愛に包まれた中で、光の生命は、「あなたは私と一緒にいたいか」と尋ねるわけです。

もし、一緒にいたいと言えば、そのまま天国に行くんでしょう。けれども、その方はいや、ちょっと気になることがあるんです、と答えます。すると、光の生命は、それは何ですかと訊ねます。すると彼は、正直に告白します。実は私は、三か月前に結婚したんですが、女房が今病気で入院しているんです。私が彼女に寄り添って、世話をしないと、誰もしてくれる人がいないのですと言うと、その光の生命は、それでは、生き返って女房の世話をしなさいと言われたので、生き返るわけです。

その体験を著者は、正直に書いているわけです。私はそれを本で読んで、感動したのです。だから、ちゃんと、覚えているばかりか、それが本当だと信じているんです。だから、恐らく皆さんも死んだら、そのようなことを体験するんじゃないでしょうか。

西村　なんかそういうこと言いますね。私も読みました。

越前　私たちは、この世で経験したことを皆んな、来世で思い出そうとしたら思い出せますよ。往生した人が、極楽浄土に行ったらこの世のことが見えないなんて、とんでもない話ですよ。もっとよく分かると思いますよ。冗談だけれども、うちの息子まだ勉強しないのかなんて思っているかも知れない。阿弥陀さん、どうぞ息子を助けて下さいと向こうでもお祈りしているんですよ。

西村　と思います。人情としてもねえ。

越前　さっきから申し上げているように、それに気が付かないというのが、われわれの煩悩だと思います。この世で生きている者は、現世しか存在しないものだと思っているので、現世の物事に執着しているんじゃないでしょうか。

西村　そうなりますね。

越前　そして、この世で金だとか、女だとか、酒だとか、名誉だとか、権力だとかにうつつを抜かしているわけじゃないですか。「それは愚かなことじゃないですか」と宗教家は言わなければならないでしょう。けれども、宗教家こそ、最も名誉の亡者ではないですか、と言われれば、反論出来ませんね。そういうふうに私は思っています。思っているだけではなく確信しています。だから、死んでも西村さんに会いますよ。あなたが会いたくないと言えば会いませんけどね。

西村　越前にも会ってもいいなと思ったらぱっと会いますよ。

越前　また、あの世に行って会うの止めて欲しいなあ。

西村　それなら会わない。心配しなくていいですよ。

越前　死んだら終い、という意見に神父さんは不満らしい。

西村　終いというのは無いので、仏教の説には反対です。ただ、人間の意識は創造しますから、来世が無いと考え、そう信じている人は、死んでも来世を経験することが出来ないでしょう。

神さまがいないと信じている人は、死んでも神を経験することはないでしょう。亡くなった近親者が存在しないと、確信しているなら、死んでも再会出来ないでしょう。反対に、あるとか、いるとか信じている人には、それなりの体験をするでしょう。

西村　つまり仏教は、天から見ているという発想はないでしょう。行ってしまっているから。

越前　あの世とこの世はつながっていない、と思っているからじゃないですか。つながっていると信じているから、お盆とか、お彼岸のお墓参りとか、供養とかに意味があるのは、死者が存在し、生きているという信念が、人々の心の根底にあるからではないんでしょうか。

西村　私にははっきり言わせると、死んでからの世界はない。つまり、徹底的に形而上学を否定しているんですよ。眼に見えない空想観念の世界は認めないんですよ。

越前　ああ、そう。

西村　認めないんですよ。眼に見えないものは認めない。

越前　これは形而上学ではないですよ。形而上学は、概念、観念による存在の、有の説明に過ぎません。

西村　へえー。

越前　うん。形而上学というのは、第一哲学と呼ばれて、存在論なのです。ギリシャのアリストテレスによれば、「存在とは何か」ということを概念、つまり言語で抽象的に論じ、体系化した学問なのです。

西村　まあそうですけど、形而上学というのは、眼に見えない世界について、あれこれ言う学問ですね。

越前　「存在」とか「有」とかは、眼に見えない世界です。それは概念で見える世界なのです。哲学はこうして発達してきました。感覚的な眼に見える世界は、眼に見えない霊の世界によって、存在させられ、支えられ、生かされているから、存在しているのです。見えない世界の存在を信じないで、どうして可視的な世界が存在するのが見えるんですか。

西村　ちょっと待って下さい。眼に見えない世界が見えない人が、どうして眼に見える世界が見えるんだというわけですか。

越前　そうです。

西村　これは面白い言い方ですよ。やっぱり、キリスト教の神父らしい言い方ですね。眼に見えない世界が見えない人が、どうして現実の世界を見ることが出来るか。これはなかなか面白いですね。ですけれども僕は、見えるものしか見えないと思っているんです。

越前　ああ。それは西村先生の一つの信念だから、それはそれでいいでしょう。

西村　僕の信念というよりも、やっぱりそうしか考えられない。

越前　死後の世界に関しては、私自身は今まで申し上げたように、私自身がそう思い、それが確実だと信じているだけの話です。

西村　それでこそ、宗教の違いがはっきりして結構。やはりこれは、それなりに人それぞれの考えですからね。

越前　そうです。ですから、最初に申し上げたように、私の考えでは、私たち自身も、私の活動も、周りの状況もみな、人間である私たちの意識が創造しているものなのです。量子力学ではありませんが、純粋に客観的な事実なんて無いんですよね。

西村　禅宗では、君らはただ、見えていると思っているだけだと。

越前　いや、西村先生が信じない、と言っているわけですよ。

西村　お前らは見ていると思っているだろうけど、それは本当に見ているんじゃないんだというのが臨済宗の立場。目の前の世界を見ていると思っているだろうけど夢を見ているみたいなもんだ。「時の人、あの一株の花を見ること、夢の如くに相似たり」（『碧巌録』第四〇則、南泉の語）とね。たとえばこれはお茶碗だと思っているでしょう。これはお茶碗ではないんです。そう言うと、あなたはきっと、「ええ、これがお茶碗でなかったら、何ですか」と言う。そうすると、禅の老師は「お茶碗だ」と答えるんです。

あなたの言っている「お茶碗」というのは、あなたは前からの知識でこれはお茶碗と思い込んでいるから、実はこれを見なくても、あなたの頭の中には、いつでもお茶碗のイメージがある。それを主語として「お茶碗はすぐ割れるもの」なんて判断するわけです。お茶碗は割れやすい、というように、概念が主語になっているんです。概念が割れるものですか。割れるのは眼の前にあるただ一つの「これ」です。あなたの観念だけが空回りしているわけです。

その時、禅僧は「これはお茶碗じゃ」と言うんです。禅僧は前にあるお茶碗を指さして、「茶碗だ」と言う。この場合は、彼が自分でお茶碗と名付けた「これ」なんですね。我々はお茶碗という概念を主語化して、実物をよく見ていない。

たとえば「幸せなら手を叩こう」と歌っていても、何ですか、幸せって。幸せというものがどこかにあるんですか。やはりこれが幸せだという具体的な事柄がなければ、そんな幸せは空虚でしょう。なのに私は幸せですなんて言って、幸せを概念化している。何が幸せか。事実をはっきり自分で確かめるというのが禅でしょう。

そうなるともう、見えない死後なんて語れない。見えないものは語れない。

あれ極楽もどっかへ行っちゃった。神父さん、温泉へ入って酒でも飲んで、現世の極楽を楽しむこととしましょうや。いやあ、どうも長々と勝手なことばかり申しました。ごめんなさいね。でも一度聴きたいと思っていた神父さんの本音が聴けて、これで積年の疑問が晴れて、カラッーとしました。これからも宜しくお付き合いを願いますね。
越前　こちらこそ宜しく、死の際に別れるまで。

（終わり）

あとがき

長いあいだ私の胸の中に、密かに温めてきた越前神父さんとの忌憚ない信仰談義が、神父のご快諾を得て、遂に実現しました。今年の新年早々、二回にわたって滋賀の寺から東京市ヶ谷に出掛け、アルカディア市ヶ谷の会議室に於いて、眼下に流れる宮城の外堀を見下ろしながら、お互いの歩んだよく似た人生と、異なる信仰とについて、心ゆくまで話し合いました。

私たちの対談のために、二日にわたって朝早くから夕方まで何かとお世話頂いた、カトリック信徒の古川詳子、荒木麻美、橋本朋子の皆さんは、当日、テーブルの中央に素晴らしいお花のブーケを飾って対談を盛り上げ、休憩時間にはお茶やお菓子の接待をしてくださいました。

その上、対談のテープ起こしもお願いしましたが、あまり聴き慣れない禅語が頻発して、お三方にはさぞご苦労を掛けたことと思います。また、私たちの対談の様子を写して下さったのは、やはり越前神父さんの教室で勉強されている仏教徒の武立廣氏です。越前神父さんともども、これらの方々に、厚くお礼を申し上げます。

最後に、私から本書の出版を願い出るや、即座に快くお引き受け頂いた、仏教書籍の出版社大法輪閣の石原大道社長、および編集部の小山弘利両氏に、心より謝意を捧げるしだいです。

合　掌

二〇一八年五月朔日

西村 惠信　識す

西村恵信（にしむら　えしん）

1933年滋賀県に生まれる。2歳のとき出家。花園大学仏教学部卒業の後、南禅寺の柴山全慶老師について参禅弁道。1960年米国ペンシルヴェニア州ペンデルヒル宗教研究所に留学し、キリスト教を研究。1970年京都大学大学院文学研究科（宗教学専攻）博士課程を満期退学。以来、花園大学教授として禅思想を講ず。現在、花園大学名誉教授（元学長）、臨済宗妙心寺派興福寺閑栖。

著書：『己事究明の思想と方法』『キリスト者と歩いた禅の道』『岩波文庫・無門関』『臨済録をめぐる断章』『十牛図—もうひとつの読み方』『禅の体験と伝達』『一休』『鈴木大拙の原風景』ほか多数

越前　喜六（えちぜん　きろく）

1931年秋田県に生まれる。1958年上智大学文学部哲学科卒業。1960年同大学院哲学研究科修士課程修了、1967年同大学院神学研究科修士課程修了。在学中、カトリック・イエズス会に入会。

1966年に神父に叙階。1969年上智大学文学部教授。2000年より名誉教授。在職中、一般教育主事、図書館長、職業指導部長、副学長などを歴任。専攻は、人間学・宗教学。

著書：『聖書に学ぶ生き方』『人はなんで生きるか』『キリスト教のこころ』『多神と一神との邂逅』『日本人とキリスト教』『祈り—愛との出会い』『現代人間学』『信仰』『希望』『愛』『祈り』『霊性』ほか多数

禅僧と神父の軽やかな対話
—本音で語る教えの真髄—

2018年8月10日　初版発行

著　者　西　村　恵　信
　　　　越　前　喜　六
発行人　石　原　大　道
印刷所　亜細亜印刷株式会社
製本所　東　京　美　術　紙　工
発行所　有限会社　大　法　輪　閣
東京都渋谷区東2－5－36　大泉ビル2F
TEL　（03）5466－1401（代表）
振替　00130－8－19番
http://www.daihorin-kaku.com

ISBN978-4-8046-1408-3　C0015　Printed Japan